「うまい！」を叶える

おいしい
ひと手間

日本料理 か茂免 総料理長

片山 英喬

日本料理・か茂免《もめ》のご紹介

日本料理「か茂免」は昭和3年、九州・小倉出身の先代が、ふぐ料理・鶏の水炊きの専門店として名古屋市中区栄で創業。昭和20年に戦災で店を失いましたが、京都の紙問屋・中井巳次郎氏のご厚意で、当時は氏の別邸であった東区白壁《しらかべ》の現在地にて翌年営業を再開しました。

名古屋城から東約2キロの白壁はかつて、尾張徳川藩の中級武家屋敷が集まった地域です。明治維新以降は名古屋財界人の住宅地となり、豊田佐吉、佐助、喜一郎氏ら豊田一族やソニーの創始者である盛田昭夫氏など近現代日本の経済界を支えた人たちがモダンな邸宅を構えてみえました。そんな地でか茂免は、会席料理の店としてご愛顧いただくようになりました。

私は、愛知県碧南《へきなん》市で農家の三男坊として生まれ育ちました。父の知人の紹介で、か茂免に入店したのは、中学校を卒業した15歳のとき。以来55年、料理の道を歩んできました。

か茂免

農家で自然に身につけた〝旬〟の感覚と、少年時代、早起きして自転車で名古屋まで通った野菜売りの仕事。幼い頃のこうした経験が、私の長い料理人人生の礎になったと思います。

そしてなにより、お客様の「おいしい」という一言。これが原動力となり、一歩一歩前に進むことができました。

この本は、私が初めて書いた料理の本です。昔の料理人が作ったいい料理を残したい、という思いもありますが、まずは多くの方に楽しんでいただけるものをと心がけました。毎日の食事に、大切な人のおもてなしに、参考にしていただければ幸いです。

片山 英喬（かたやま・ひでたか）

1943年1月1日	愛知県に生まれる
58年（15歳）	か茂免旅館 入社
73年（30歳）	栄にあった、か茂免 明治生命店の料理長に就任
80年（37歳）	朝日カルチャーセンター講師
82年（39歳）	か茂免本店 料理長就任
82年（39歳）	ベターホーム協会料理教室講師
92年（49歳）	愛知県調理師会 役員功労賞受賞
95年（52歳）	愛知県知事表彰
1999年（56歳）	中日文化センター講師
2000年（57歳）	厚生大臣賞表彰
03年（60歳）	CBC「晴れドキッ」に3年3ヶ月生出演
08年（65歳）	愛知の名工として知事表彰
12年（69歳）	か茂免総料理長就任

はじめに

料理の味は ほんの少しのひと手間が決める。

日本料理の基本は お総菜です。

家庭でも食べられる和のお総菜を、もっとも旬の食材で、丁寧に調理し、季節を映し出すように店自慢の器に美しく盛りつけ、お客様にお出しする—それが料理屋の仕事なんですね。

裏を返せば、料亭の料理は、ご家庭でも作ることができるというわけです。

では、料理で一番大切なものはなんでしょう? 答えは単純明快、「味」です。おいしい味をつくり出す料理人の技—本書ではその「ひと手間」をご紹介します。

今は、時間や手間をかけない料理がもてはやされています。最近では料理人さえも、先人から伝わってきた「ひと手間」を省くようになってしまいました。

しかし、本書で紹介する「ひと手間」は、やっていただければわかると思いますが、ごく簡単な作業です。それでいて、結果は抜群。おいしく、色よく、食べやすく。中には「急がば回れ」—逆に調理時間を短縮できるような技もあります。

私の恩師であり、先代の料理長の山本喜八先生は味に関して天下一品と言われた方でした。修行を始めて3、4年経った頃、先生から「日本料理で一番おいしい料理は何だと思うか?」と聞かれたことがあります。わからずに黙っていると、「おからだよ」と言われました。「それじゃあ一番まずい料理は?」と聞かれ、やはり答えられずにいると、「おからだよ」と言います。

料理長が献立を書いた、古い帳面の数々

うまいとまずいは紙一重、同じ材料でも、ほんの少しのことで味が変わるというわけです。同じ料理を何度もつくる料理人ですら、心の底からおいしくできたと思うことは、わずかしかありません。

ですから、本書で紹介する料理も一度だけでなく、繰り返し挑戦していただきたいと思います。残念ながら、写真で料理の味を伝えることはできません。しかし、「ひと手間」を試し、実際につくっていただければ、普段より幾分おいしくできるのではないかと思います。

私の味つけは、先代が東京出身だったこともあり、やや関東風です。気に入った料理のよいところを参考にして、ご自分なりの味つけ、色どり、盛りつけを工夫していってください。

か茂免の料理は「懐石」ではなく、皆で集まって食べる「会席」料理です。技巧的な美しい料理というより、大切な方との会話が弾むようなおいしい料理、すなわち家族団らんの食卓に取り入れられるものがたくさんあります。本書では、会席料理の一連の献立を、季節ごとにご紹介します。中には手のこんだ料理もありますが、ご家庭で省ける手順は明示しました。

それに加え、気軽に作れる料理や、私が残していきたいと思う料理を、単品料理として載せています。

私は修行を始めた頃からずっと、帳面に献立を、時には色鉛筆で描いた絵を入れて記録してきました。その時々の自分の想いが詰まったこの帳面が、今の私を支えています。この本は、その古い帳面たちをひっくり返して書いた、私のひとつの集大成です。

想った料理を心をこめておいしく作る—この本がその一助になれば幸いです。

おいしいひと手間　目次

春

会席

単品

夏

会席

単品

【この本の使い方】

●会席料理の材料は、会席のコースとして食べた場合の分量となっていますので、少なめです。一汁三菜のおかずとする場合は、適宜量を増やしてください。単品料理は、普段のおかずとしての分量です。

●材料に「だし汁」と表記されているものは136ページの「家庭でのとり方」でとっただしをお使いください。

●大さじ1＝15㎖、小さじ1＝5㎖です。

●砂糖は特に表記のない限り、上白糖を使用しています。大さじ1＝9g、小さじ1＝3gです。

●煮切りみりんは煮沸してアルコールを飛ばしたみりん、白しょうゆは愛知県特有の色の淡いしょうゆです（薄口じょうゆで代用可）。その他調味料については137ページをご参照ください。

秋

会席

単品

冬

会席

単品

おいしいコラム

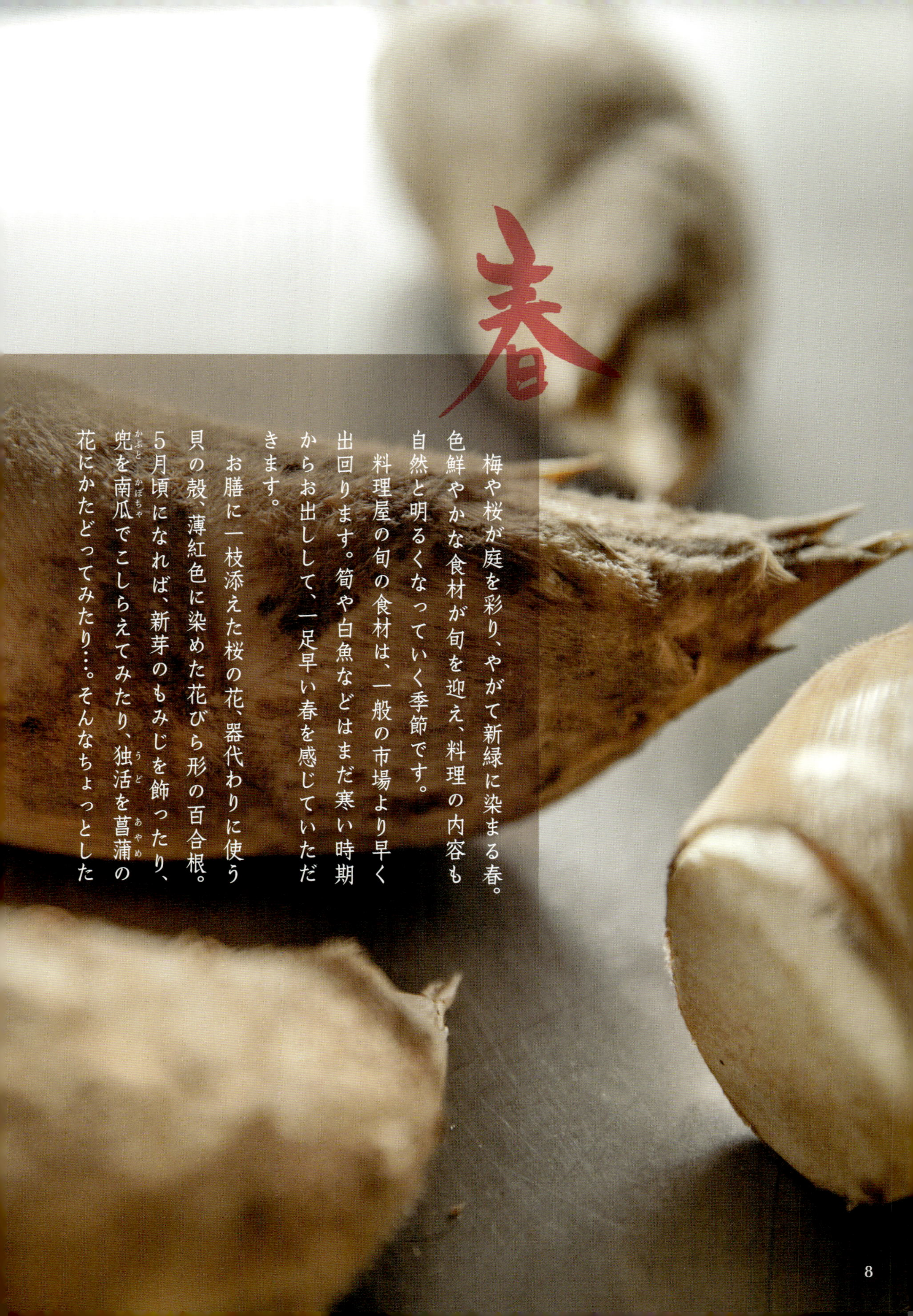

春

梅や桜が庭を彩り、やがて新緑に染まる春。色鮮やかな食材が旬を迎え、料理の内容も自然と明るくなっていく季節です。

料理屋の旬の食材は、一般の市場より早く出回ります。筍や白魚などはまだ寒い時期からお出しして、一足早い春を感じていただきます。

お膳に一枝添えた桜の花、器代わりに使う貝の殻、薄紅色に染めた花びら形の百合根。5月頃になれば、新芽のもみじを飾ったり、兜《かぶと》を南瓜《かぼちゃ》でこしらえてみたり、独活《うど》を菖蒲《あやめ》の花にかたどってみたり…。そんなちょっとした

あしらいで、お客様に季節を感じていただける嬉しい季節でもあります。

◆3月の旬食材　鮎魚女《あいなめ》、白魚、さより、鱒、はまぐり、赤貝、青柳、鳥貝、帆立貝、若布《わかめ》、ぜんまい、蕨《わらび》、たらの芽、春蘭《しゅんらん》、木の芽、蓬《よもぎ》

◆4月の旬食材　かます、きす、初鰹、若鮎、桜海老、蛍烏賊《いか》、穴子、筍、新じゃがいも、キャベツ、空豆、蕗《ふき》、花丸胡瓜《きゅうり》

◆5月の旬食材　鰹、間八《かんぱち》、こち、星鰈、山女魚《やまめ》、川鱒、新牛蒡《ごぼう》、馬鈴薯、山蕗、玉ねぎ、賀茂茄子、えんどう、さくらんぼ

春会席

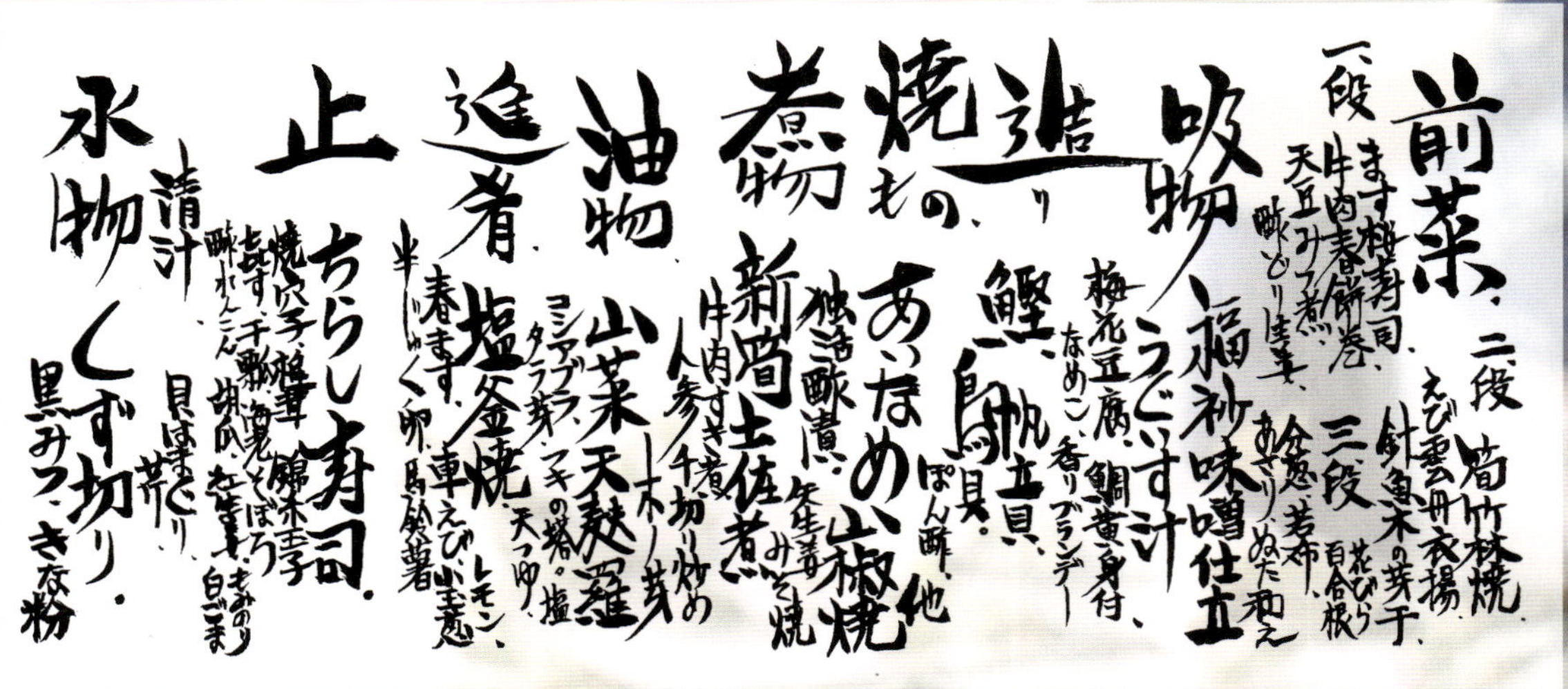

うぐいす汁
梅花豆腐、鯛黄身付、
なめこ、香りブランデー
造り、鰹、鳥貝、帆立貝、
ぽん酢、他
焼もの、あいなめ山椒焼
独活酢漬、
みそ焼
煮物、新筍土佐煮
牛肉すき煮、
人参千切り炒め
木ノ芽
油物、山菜天麩羅
コシアブラ、タラ芽、フキの塔、塩
天つゆ、
進肴、塩釜焼
春ます、車えび、小玉葱、レモン、
半じゅく卵、馬鈴薯
止、ちらし寿司
焼穴子、椎茸、錦糸玉子
干瓢、海老そぼろ
きざみのり
白ごま
清汁
貝はまぐり、
芹、
水物 くず切り・
黒みつ、きな粉

①ます桜寿司
②牛肉春餅巻
③空豆の蜜煮
④筍竹林焼
⑤海老の雲丹衣揚げ
⑥さよりの木の芽干し
⑦花びら百合根
⑧あさりと分葱のぬた和え

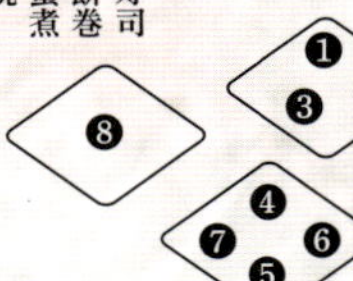

前菜、

春、夏、秋、冬—四季を楽しめるのは、日本のひとつの魅力ですね。自然が芽吹く春は、節分、お雛様、端午の節句とイベントも多く、心躍る季節です。前菜には、そんな春を存分に感じられるよう、季節感溢れる酒肴を集めました。

春の山からの食材といえば、筍(④)。野からは、緑色が美しい空豆を。初夏を先取りして塩茹でをいただくのもよいですが、甘煮もおつなものです(③)。春の海産物はやはり、貝ですね。あさりは爽やかなぬた和えで(⑧)。日陰干しのさよりには、春らしく木の芽をあしらっています(⑥)。

料理に大切なのは色どり。人はまず、目で食べています。おいしさを感じる赤色には、海老を(⑤)。牛肉は、中華の北京ダックにも似た皮を、桜色に染めた中に包みました(②)。花びらをかたどった百合根(⑦)と、桜寿司(①)も季節感に。

前菜

海老の雲丹衣揚げ

塩うにでオレンジに染めた衣がきれいな一品です。

【材料】（4人分）

小えび…………4尾
塩うに…………20g
小麦粉（薄力粉）…大さじ2
水……………大さじ1

【作り方】

① えびは尾を残して皮をむき、腹を開いて薄く塩をふっておきます。
② すり鉢に塩うにを入れ、よくすります。水でのばし、小麦粉を入れ、ザルで裏ごしします。
③ ①のえびに小麦粉（分量外）をまぶし、余分な粉を落としてから②の衣をつけます。中温の油で、えびが浮き上がってくるまで揚げます。

小麦粉は少しずつ入れ、ダマにならないようよく混ぜます

こすときは、しゃもじをザルの正方形の目の対角線上に、ななめに動かすとよいです

鍋からあげる前に、先端だけを少し油につけると、余分な油が落ちます

空豆の蜜煮

空豆を蜜で色よく煮ました。温かくして、しぼり生姜を一滴入れてお出ししてもよいでしょう。

【材料】（4人分）

そら豆…………20粒
みつ
- 水……………200㎖
- 砂糖…………大さじ3
- 塩……………ひとつまみ
- ブランデー 少々

【作り方】

① そら豆はふさから取りだし、薄皮もむいて、塩（分量外）を少し入れた湯でさっと茹でます。豆がこわれないように中火で。
② 別の小鍋にみつの材料をあわせ、火にかけます。
③ ①の豆を②のみつで少し煮ます。鍋ごと冷水につけて冷まします。
④ 香りづけにブランデーをふります。

豆をこわさないよう、丁寧にむきます

煮る時間はせいぜい1分間。熱を入れすぎると青色がとんでしまいます

鍋ごと冷水を張ったボウルにつけます

あさりと分葱のぬた和え

春の代表・あさりを、日本料理に欠かせない分葱と
わかめとともに、ひんやりと。

【材料】（4人分）
むきあさり……200g
わけぎ………2束
わかめ………100g
（生または戻した状態で）
酢味噌
- 八丁みそ…30g
- 白みそ……30g
- 酢………大さじ3
- 砂糖………大さじ4
- すりごま…10g
- 辛子………少々

【作り方】
① わかめは、乾燥なら前の晩から戻しておきます。当日、たっぷりの湯で茹でてザルにあげ、固い部分を除いて、食べやすい大きさに切ります。
② わけぎは洗って色よく茹で、ザルにあげ風を当てて冷まします。わけぎを並べ、ぬめりを少し取ってから、長さ3、4cmに切ります。
③ あさりはザルに入れて振り、砂を落としてからよく洗います。沸騰した湯に酒と塩（分量外）を少し入れ、茹でます。
④ 酢味噌の材料をあわせ、①～③を和えます。

めん棒をわけぎの上で転がすと、透明なぬめりが出てきます

筍竹林焼

筍がたっぷり入ったかまぼこのような一品。
春一番の木の芽とあわせ、竹林を表現しました。

【材料】（4人分）
たけのこ………小1本
煮汁
- だし汁………200mℓ
- 白しょうゆ…小さじ2
- しょうゆ……小さじ1
- 砂糖………小さじ5

白身魚のすり身…200g
木の芽………20枚

【作り方】
① 下茹でしたたけのこを「水切り」（20ページ参照）し、穂先と芯の固いところを切って、¼の大きさに切ります。
② 鍋に煮汁の材料をあわせ、①を入れ、中火で煮つめます。煮汁をほんの少し残して。
③ ②のたけのこをスライスし、残った煮汁にからめて軽くしぼります。
④ すり身と③を手でよく混ぜ合わせ、バットの裏底の上に平らにのばし、厚さ2cmの板状にします。
⑤ 飾りの木の芽を④の上にきれいに並べ、200℃のオーブンで25～30分、表面に焼き目がつくまで焼きます。

スパチュラ（ヘラ）などで、できるだけ均等な厚さにととのえます

軸は半月状に、穂先は縦にスライスします

吸物

鶯汁

春と聞けばうぐいす。か茂免のある白壁は以前、どこの庭も森のように緑深く、春になると、店の寮の外庭から聞こえるうぐいすの声で目を覚ましたものです。今ではその声も少なくなり、淋しくなりました。

そんなうぐいすをイメージした、50年以上前からの椀物です。白味噌仕立ての汁を、グリーンピースと法蓮草から取った葉緑素で染めました。豆腐は梅の花、なめこはつぼみを表しています。なめこの暗い色には、全体の色合いを引き締める役割も。

【材料】（4人分）

- だし汁……800mℓ
- グリーンピース（むき）80g
- 絹豆腐……½丁
- なめこ……少々
- 葉緑素
  - ほうれん草……½束
  - 水……400mℓ
- 白身魚（たいなど）……80g
- 卵黄……2個分
- 片栗粉……少々
- 黄味づけの茹で汁
  - 水……380mℓ
  - 酒……20mℓ
  - 塩……小さじ1
- 調味料
  - 白みそ……150g
  - 信州みそ……20g
  - 砂糖……小さじ2
  - ブランデー……適宜

【作り方】

① グリーンピースは、茹でて裏ごしします。

② なめこは水洗いしてぬめりを取り、ザルにあげます。絹豆腐は型で厚さ1cmの梅の花の形に抜き、水の中につけておきます。

③ 白身魚を黄味づけします。魚の皮を取り、一人1切れに切ります。薄く塩をふって15分置きます。

片栗粉をつけ、余分な粉を落としてから卵黄をまぶし、もう一度片栗粉をつけます。これをもう一度繰り返し、茹で汁を沸かした中に入れます。浮き上がったらすくい出し、椀の中に1切れずつ入れておきます。

茹で汁は沸いたら火を弱め、静かに茹でます。魚に火が通ると、浮き上がってきます

④ 鍋にだし汁を入れ火にかけ、沸く前に調味料を混ぜ、味を見ます。

⑤ ④に、①のグリーンピースと葉緑素を混ぜ、漉《こ》します。きれいなうぐいす色になったら味を見て、なめこと絹豆腐を入れます。

⑥ 沸いたら、③の椀に張り、香りづけにブランデーをふります。

葉緑素とグリーンピースの青色はとびやすいので、食べる時間にあわせてつくりましょう

【葉緑素のとり方】

グリーンピースだけでも色づけはできますが、よりきれいな緑色のために、ぜひ一度お試しください。

① ほうれん草は洗い、葉だけをすり鉢かミキサーですりつぶします。水でのばし、漉《こ》します。

② ボウルに半分くらいの冷水（分量外）を入れ、ハンカチくらいの大きさの布をかぶせ、中央を水の中に浸します。

③ ①の青汁を鍋に入れて、火にかけます。沸いてきたら火を止め、浮き上がった葉緑素をすくい取ります。

④ ③を②の布の上に入れ、冷やします。軽くしぼって、固めた葉緑素を小さい容器に移し、少量のだし汁でやわらかくしておきます。

②鍋からすくった葉緑素を冷ましますので、真ん中を水につけます

③沸騰すると、濃い緑の葉緑素が分離しますので、これをすくいます

④葉緑素がこのようにとれます

造り

鰹のたたきと貝のお造り2種

　海に囲まれた日本では、新鮮な海産物を食べられるのが魅力のひとつです。春の初がつおは、たたいて薬味とあわせて。もちろん、刺身にして薬味といただくのでも構いませんし、たたいたかつおと刺身とを混ぜるのも食感が面白いでしょう。

　器には、たいらぎ（たいら貝）の貝殻を使ってみました。一般的にはあまり見る機会がないものですよね。その下には、金箔で染めた筍の皮を敷いています。

　お造りは、会席料理に外せないものとされてきましたが、最近は刺身ではなく、このたたきのような和え物や洋風にカルパッチョを出すなど、趣向を変えるお店も増えてきました。時代にあわせて少しずつ変化を加えていくのも、料理の楽しいところです。

【材料】（4人分）

かつお……………150〜200g

薬味
- あさつき…………6、7本
- 青じそ……………5枚
- にんにく…………ひとかけ
- しょうが…………ひとかけ
- 紅たで……………5g

塩……………………適量

【作り方】

① かつおは水洗いして皮から1cmくらいのところに串を打ち、塩を強めにふります。強火のガスコンロで表面と皮目を手早くあぶり、すぐに冷水にとります。（ご家庭では、市販の、既にあぶってあるものをお使いになってもよいでしょう。もしくは、生のままでも構いません。）

片手で持てるよう、扇形に串を打ちます

② あさつき、青じそは細かく刻みます。にんにくは千切りに、しょうがはおろします。

③ ①の水分を布で拭き取り、粗めに切ります。包丁のみねでたたき、細かくします。②の薬味を混ぜ、器に盛ります。

【貝の処理】

■ほたて

貝を開き、貝柱と内臓を分けて取り出します。貝柱は塩水（貝2個に対し、水200mlに塩3g）で洗います。

■とり貝

貝を開き、中身を取り出します。包丁で切り目を入れて内臓をかき出し、塩水（貝8個に対し、水400mlに塩10g）で洗います。鍋に塩水（水300mlに塩3g）を沸かし、さっと茹で、ザルにあげます。

右からほたての貝柱、ひも、内臓。新鮮な肝は、軽く霜降りしてぽん酢で食べると美味です

とり貝は繊細なので、こわれないよう注意して。内臓をとったら、塩水で洗います

焼物、

鮎魚女《あいなめ》の山椒焼

あいなめは、春になると飲食店でよく使われます。小骨が少し多いですが、煮る、焼く、揚げる、どう調理してもおいしくいただける、脂の少ない白身魚です。

今回は、甘辛いタレをのせて、こんがりと香ばしく焼きました。山椒をぴりっと効かせ、「鮎魚女」を「男」にしてみましたよ。これまたぴりりと辛い、矢しょうがで〆めて。

【材料】（4人分）

あいなめの山椒焼

あいなめ……………240g（½尾ほど）
かけタレ
- 酒……………150mℓ
- みりん……………100mℓ
- しょうゆ……………50mℓ
- 砂糖……………大さじ2

粉山椒……………適量

矢生姜の甘味噌付オイル焼き

新しょうが……………4本
甘味噌
- 八丁みそ……………20g
- 白みそ……………20g
- 酒……………大さじ2
- 砂糖……………大さじ2

かつお削り節……………少々
サラダ油……………適量

うどの酢漬け

うど……………50g
漬け酢
- 水……………100mℓ
- 酢……………大さじ2
- 砂糖……………小さじ2
- 塩……………ひとつまみ

このひと手間

【煮切り】
酒やみりんを鍋に入れ沸騰させ、炎が出なくなるまで火にかけてアルコール分を飛ばすことを「煮切る」といいます。煮切りみりんは冷蔵庫で一週間ほど保存できますので、多めにつくってペットボトルなどに保存しておくと便利です。

【作り方】

あいなめの山椒焼

① あいなめは3枚におろし、骨抜きで小骨をできるだけ取ってから、身の部分に細かく切り目を入れます。皮を切ってしまわないように気をつけます。

② タレをつくります。酒とみりんを火にかけ、沸く手前で弱火にし、アルコール分を煮切ります。しょうゆと砂糖で味をつけ、冷まします。

③ ①を金串に刺し、コンロまたはグリルで焼きます。皮と身の両側に焼き目がついたら、ハケでタレを塗り、両面をあぶります。これを3度ほど繰り返し、こんがりと焼きます。

④ 香りに粉山椒をふって、いただきます。

タレが中までからむように切り目を入れます。ゆっくり、包丁の刃を前に軽くすべらせるように

矢生姜の甘味噌付オイル焼き

① 甘味噌は材料を火にかけて練り、冷めたらかつお節を加えて固めに練ります。

② 新しょうがの中央に一筋切り目を入れ、甘味噌を間に詰め込みます。周りにサラダ油を塗りコンロであぶり焼きにするか、油をひいたフライパンで焼きます。

焼かずにこのまま食べてもおいしいです

うどの酢漬け

皮をむき、拍子木切りにしたうどを、漬け酢に2、3時間漬けます。

煮物

新筍の土佐煮 牛肉すき煮と 人参千切り炒め添え

土佐煮は、筍の季節になれば、全国どこのご家庭でも一度は召し上がる料理ではないでしょうか。たっぷりのかつお節をからめ旨味溢れる筍に木の芽をのせて、春をまるごといただくような一品です。

彩りに添えたにんじんは、自然の甘みがすばらしいですね。牛肉のすき煮も入れて、三点盛りにした一皿は、子供さんにも食べやすく、ぜひ味を学んでいただきたいものです。

【材料】（4人分）

新筍の土佐煮

- 新たけのこ……1本
- 煮汁
  - だし汁……200㎖
  - みりん……大さじ1
  - 白しょうゆ……小さじ2
  - しょうゆ……小さじ1
  - 砂糖……小さじ2
- かつお削り節……5g
- 木の芽……8枚

千切り人参のバター炒め

- にんじん……½本
- バター……10g
- 塩……少々

【作り方】

新筍の土佐煮

① 下茹でしたたけのこを「水切り」し、余分な水分を除きます。

② たけのこを食べやすい大きさに切ります。煮汁の材料とともに鍋に入れ、中火で煮つめます。

最後にからめるぶんのつゆだけを残し、煮つめます

③ ②のつゆがわずかになったら火を止め、かつお節を入れてからめます。器に盛り、木の芽を飾ります。

千切り人参のバター炒め

にんじんはマッチ棒くらいの太さに切り、バターで炒めて塩で味をととのえます。

※牛肉のすき煮は95ページ参照

【たけのこの下茹で】

① たけのこは洗って、根本の固い部分を切り落とします。穂先も少しななめに切り落とし、皮がむきやすいよう穂先に深さ5㎜ほどの切り目を入れます。

② 大きめの鍋にたっぷりの水と米ぬか（たけのこ3本に対し50g）、赤とうがらしを入れ、火にかけます。沸騰したら中火にし、金串がスーと通るまでやわらかくなったら、火を止め冷まします。

③ 冷めたら冷水にさらしてアクを抜きます。穂先の⅓くらいを残して皮をむきます。

切り目を入れておくと皮が一度にむけます

このひと手間

【たけのこの水切り】

下茹でしたたけのこを、穂先を残して皮をむきます。鍋にたっぷりの湯を沸かし、たけのこを入れ、5分ほど茹でてザルにあげます。穂先の、やわらかい皮の部分にも火が通り、食べられるようになります。

「水切り」は、下茹でしたたけのこの中に溜まった水分をとる、料亭のひと手間です

揚物、

山菜の天ぷら

春の訪れを告げる山菜は、新しさが命です。新鮮な山菜を天ぷらにして、揚げたてをまずは香りを楽しみやすい塩で、次は天つゆで…春一番の味ですね。芽の物に含まれるアクや苦みは油に弱いので、揚げるとおいしくいただけるのです。

知人の別荘が長野県大町にあり、子供たちが小さい頃は、家族で毎春遊びに行っていました。周りで沢山のこしあぶらとたらの芽が採れたことを懐かしく思い返します。こしあぶらは特に香りの強い山菜で、天ぷらには最高です。たらの芽はなるべく、つぼみの先端が開いていないものを使うとよいでしょう。

【材料】（４人分）

こしあぶら（芽）……４個
たらの芽……４個
ふきのとう……４個
衣
　小麦粉（薄力粉）…50g
　卵黄……１個分
　水……１００mℓ

天つゆ
だし汁……２００mℓ
煮切りみりん……大さじ２
薄口しょうゆ……小さじ４
しょうゆ……大さじ１

【作り方】

① 天つゆは材料を鍋にかけて沸かし、冷ましておきます。
② 山菜はそれぞれ、根本に十文字の切り目を入れます。たらの芽は根を切り落とし、芯のまわりの薄皮も少しむきます。
③ ②に小麦粉を少しまぶし、衣をつけて中温の油で揚げます。

全体に均一に火が通るよう、固い芯に切り目を入れます

たらの芽は、芯のまわりの薄皮もむいておきます

進肴

春鱒（鮭）の塩釜焼き

ホイル焼きの外側を、卵白塩で白く塗り固めた一品。「宝袋」と呼ぶこともあります。お店では、きれいな懐紙で包んで焼きますが、ご家庭ではアルミホイルが便利でしょう。具材はどうぞ、思いつくまま、ご自由に。魚は鰆やかますでもおいしくできますし、肉類やきのこもよいでしょう。

温かいうちに、大きめの皿にのせて。開ける時は、周りに塩が飛び散らないよう、ゆるやかに開いてください。割りぽん酢（だしで薄めたぽん酢）をかけてもおいしいです。

※「進肴」「強肴」とは、お酒を進めるための一品のことを言います。

【材料】（4人分）

春ます（鮭）……………2切れ
卵……………2個
えび……………4本
新じゃが……………4個
小たまねぎ……………4個
しいたけ……………4個
バター……………40 g
レモン……………½個
アルミホイル……………30 cm角を4枚
卵白……………2個分
塩……………600 g
飾りひも……………65 cm程度を4本

このひと手間

【霜降り】

沸騰した湯に生の魚や肉をさっとくぐらせ、表面の色が変わったらすぐ冷水にとることを「霜降り」と言います。表面にだけ火を通しておくことで、煮たり焼いたりした時に食材どうしがくっついてしまうのを防ぐほか、臭みや余分な脂を落とす効果もあります。

湯につけるのはほんの数秒。ぜひ習慣にしてしまいましょう

【作り方】

① ますは1人½切れです。下塩して15分ほど置き、霜降りします。えびも皮をむき、霜降りします。
② 卵は半熟に茹で、殻をむいて半分に切り、塩を少しふります。
③ 新じゃがは皮をむき、軽く素揚げして塩・こしょうします。
④ 小たまねぎは皮をむき、半分に切ってフライパンで表面に焦げ目をつけ、塩・こしょうします。
⑤ しいたけは塩水で洗います。
⑥ ホイルの中央に、バターを5gずつ塗ります。その上にます½切れ、半熟卵½個、③～⑤を盛り、バター5gを上にのせます。具をホイルで包みます。

縦と横の2方向から折りたたんで包みます

⑦ ボウルに塩を入れ、卵白を少しずつ入れてよく混ぜ合わせ、クリーム状にします。⑥のホイルの外側に丸く塗りつけます。
⑧ ⑦を250℃のオーブンに入れ、10分ほど焼きます。塩にこんがり焼き目がついたら、オーブンから出し、飾りひもで結びます。レモンを添えて。

周りに塗る卵白塩は厚さ5mm程度、アルミが見えなくなればOKです

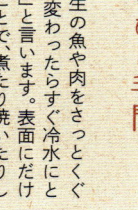

留、

ちらし寿司　はまぐりの清汁

　暖かい春には、さっぱりとした料理を食べたい気分になります。酢のきいた寿司飯にたっぷりの具を混ぜたちらし寿司は、桃の節句やお花見など春の行楽に欠かせませんね。
　お友達やご近所の方と、わいわい話をしながら作るのも楽しいものです。私は干瓢《かんぴょう》、あなたはそぼろ…と役割分担して、みんなで作る料理もうまさの極み。そこへ熱々のはまぐり汁…たまりませんね。

【材料】（4人分）

ちらし寿司

すし飯……………48ページ参照
干ししいたけ………15g
しいたけの煮汁
　干ししいたけの戻し汁……………250mℓ
　しょうゆ……………小さじ5
　砂糖……………大さじ3
きす……………4本
酢……………50mℓ
卵……………1個
砂糖……………小さじ2
絹さや……………10枚
きゅうり……………1本
かんぴょうの旨煮……48ページ参照
酢れんこん……133ページ参照
もみ海苔……………76ページ参照
紅しょうが……………少々
炒り白ごま

穴子の蒲焼き

穴子……………3本
蒲焼きのタレ
　煮切りみりん……70mℓ
　酒……………50mℓ
　しょうゆ……………小さじ4

海老そぼろ

むきえび……………120g
そぼろの煮汁
　酒……………50mℓ
　砂糖……………大さじ1
　白しょうゆ……………小さじ2
塩……………2つまみ

はまぐりの清汁

はまぐり（殻つき）……200g
だし汁……………800mℓ
調味料
　白しょうゆ……………小さじ4
　しょうゆ……………小さじ½
　酒……………少々
　塩……………2つまみ
せりまたは三つ葉…少々
粉山椒……………少々

【作り方】

ちらし寿司

① 干ししいたけは前日から戻し、鍋にあわせた煮汁の材料で煮ます。冷めたら薄切りにし、軽くしぼります。
② きすは3枚おろしし、下塩して15分ほど置いたら、酢に20分漬け、千切りにします。
③ 卵は砂糖小さじ2を入れて薄焼きにし、千切りして錦糸玉子にします。
④ 絹さやは筋を取り、千切りして目の荒いザルに入れ、水の中で種をふるい落とします。さっと茹でて、ザルにあげ、風を当てて冷まします。
⑤ 穴子は細かく、かんぴょうときゅうりは千切りにします。
⑥ すし飯にかんぴょうを混ぜ、器に入れます。その他の具を色よく盛ります。天に紅しょうがを添えます。

穴子の蒲焼き

① 穴子は開き、霜降りして冷まします。皮のぬめりを包丁のみねでこすり取ります。
② 串に打ち、タレを塗って蒲焼きにします。

海老そぼろ

えびは皮をむき、背わたを取って、包丁で細かくたたきます。煮汁と一緒に鍋に入れ、箸でほぐしながら煮ます。

はまぐりの清汁

① はまぐりは砂が入っていないか確かめ、よく洗います。
② 鍋にだし汁を入れ火にかけ、①を入れます。貝の口が開いてきたら調味料を入れて味つけし、刻んだせりを入れます。お椀に張り、粉山椒を香りに。

水物

葛切り

料理の〆には、口の中をさっぱりとさせるものを。これからの暑い時期にかけて爽やかに楽しめる葛切りです。市販の葛切りもありますが、葛粉を固めて作る過程もなかなか楽しいですよ。

様々な季節の果物を、彩りよく盛りつけるのもよいですね。さくらんぼ一粒で、すっきりと飾るのも粋です。今回の撮影は3月初旬でしたので、まだ旬の苺を一粒。

【材料】（4人分）

- 吉野本葛……………１００g
- 水……………………２００mℓ
- 黒みつ
  - 黒砂糖……………１００g
  - はちみつ…………30g
  - 水…………………１５０mℓ
  - 塩…………………ひとつまみ
- きなこ………………50g
- 砂糖…………………１２５g
- 塩……………………３つまみ

このひと手間

【吉野葛のアク抜き】
吉野葛（とろみづけに使う片栗粉も同様）は、同じくらいの容量の水に溶きます。一晩置くと葛が沈殿しますので、アクを含んだ上澄みを捨てます。

【作り方】

①吉野葛は前の晩からアク抜きし、２００mℓの水に溶きます。

②深めの鍋に半分くらいまで水を入れ、沸かします。

③①で水に溶いた葛のうち、70mℓをバットに入れ、鍋に浮かべます。葛が固まったら湯の中に沈めます。

均一な厚さになるよう、平らにならしながら固めます

白く固まった葛をゆっくり湯に沈めると、数秒で透明になります

④葛が透明になったら引き上げ、バットごと冷水に入れて冷まします。

⑤③④をあと3回繰り返します。

⑥葛を手で取りだし、まな板の上できしめんくらいの太さに切ります。

⑦黒みつは、材料を鍋に入れて火にかけ、黒砂糖を溶かします。きなこは、きなこの2.5倍量の砂糖と塩と混ぜます。

⑧器に冷たい水と氷を入れ、⑥を入れます。黒みつときなこを別皿に入れて添えます。

冷ました葛を、手で型からはずします

春
単品

春 単品

キャベツと桜のバター炒め

やわらかくておいしい春キャベツに、桜と赤い青柳で彩りを添えて。お花見にぴったりの一品です。わらびの黒で、全体の色を引き締めました。

【材料】（4人分）

春キャベツ……1/6個
桜の花（塩漬け）……20g
わらび……50g
あおやぎ（むき）……100g
バター……20g
サラダ油……大さじ2
塩……少々

【作り方】

① わらびは前日にアク抜き（120ページ参照）し、4cmくらいの長さに切ります。あおやぎは茹でておきます。
② 桜は30分ほど前にたっぷりの水で戻し、軽くしぼってほぐしておきます。
③ キャベツは短冊切りにします。
④ フライパンを火にかけ、サラダ油を半分入れてあおやぎを炒めます。
⑤ ④全体に油がまわったら、わらびとキャベツを入れ、残りの油とバターを加えて炒めます。
⑥ 塩少々で味つけし、最後に桜をちらして少し炒めます。

おから

料理屋では鍋洗いから修業を始め、下ごしらえや焼き場の担当などを経て、最後に煮物の担当「煮方」となり、親方のすぐ下の「板前」になります。煮物は和食の基本であり、最も難しい料理。その中でもおからは、先代の親方が「味つけ次第で、和食でもっともおいしい料理にも、まずい料理にもなる」と言っていた料理です。すぐにうまくはできません。何度も作って自分流の味を見つけてください。

コツは、きめの細かいおからですから、焦げつかないよう、とにかくよく混ぜること。火にかけてからの15分から20分間は鍋から離れてはいけません。つゆを残しすぎず、パサパサでもない、ちょうど良いしっとり加減に煎り上げてください。

【材料】（4人分）

おから……150g
むきあさり……60g
鶏もも肉……30g
油揚げ……1枚
にんじん……¼本
長ねぎ……1本
煮汁
- だし汁……400mℓ
- しょうゆ……大さじ1
- 白しょうゆ……大さじ1
- 砂糖……大さじ3

バター……10g
サラダ油……大さじ2

【作り方】

① にんじんはマッチ棒くらいの太さに刻み、さっと茹でておきます。
② 鶏肉は小さく小口切りに、油揚げは食べやすい大きさに刻みます。むきあさりはザルに入れて洗い、砂をよく落とします。
③ 鍋にバターとサラダ油を入れ、火にかけます。むきあさりと鶏肉を炒めます。
④ 油がまわったら、おから、にんじん、油揚げと、煮汁の材料を入れます。おからは鍋にはりつきやすいので、常にしゃもじで混ぜながら、中火で煮つめます。
④ 全体においしく味がついたら、小口切りにしたねぎを入れます。ねぎから水分が出ますので、もう少し、鍋底がしっかり見えるようになるまで煎《い》り上げ、火を止めます。

水分がなくなって、じゅわ～という音がしなくなってきたら、もう鍋から離れてはいけません

※ 128ページの角煮の、余ったつゆで煮るのもおいしいですよ。

牛肉のしぐれ煮

牛肉だけを煮てもおいしいですが、糸こんにゃくや干椎茸など食感の違う食材を入れることで、飽きのこない一品になります。

【材料】（4人分）

牛肉切り落とし……………200g
合い挽き肉…………………300g
糸こんにゃく………………200g
干ししいたけ………………20g
サラダ油……………………小さじ4
煮汁
「干ししいたけの戻し汁…200mℓ
しょうゆ……………………80mℓ
酒……………………………50mℓ
砂糖…………………………90g

【作り方】

① 干ししいたけは前の晩から水で戻し、スライスします。戻した水は煮汁に使います。
② 鍋にサラダ油を熱し、合い挽き肉を木べらで炒め、しいたけの戻し汁を1/3量入れます。
③ 挽き肉の色が変わったら、①のしいたけと糸こんにゃく、牛肉を入れ、煮汁の残りの材料を加えます。
④ 焦がさないよう箸で混ぜながら、中火でつゆがなくなるまで煮ます。

切り漬け野菜

野菜を切って混ぜるだけの簡単なまかない料理。半日置くことで、野菜から程よい水分、するめいかから旨味が出て、ごはんが進む一品になります。

【材料】（4人分）

するめいか（刺身用）…1杯
新たまねぎ……………1個
セロリ…………………1本
きゅうり………………2本
にんじん………………⅔本
ミニトマト……………8個
わかめ（生）……………100g（乾燥わかめなら5gほど）
しょうゆ………………70㎖
ごま油…………………大さじ1
すりごま………………少々

【作り方】

① するめいかは皮をむき、千切りにします。
② わかめは一度茹でて（乾燥わかめは水で戻す）ザルにあげ、5㎝くらいの長さに切ります。
③ セロリは洗って薄めの笹切り（斜め切り）に、にんじんは薄い短冊切り、きゅうりは洗って上下を切り、乱切りにします。ミニトマトは洗ってへたを取り、半分に切ります。
④ 新玉ねぎは皮をむき、上下を切って半分に割り、輪切りにします。
⑤ ボウルに①を入れ、しょうゆ半量をからめます。②～④を入れ、ごま油を混ぜ、残りのしょうゆで味をととのえて半日ほど置きます。途中で2、3度下からよく混ぜましょう。
⑥ 食べる直前に、香りづけのごま油（分量外）を少しふります。つゆごと器に盛り、上からすりごまをたっぷりかけていただきます。

するめいかは、すべり止めに布（タオル）を使って皮をむきます

新たまねぎは味を楽しむため、ほどよい厚さに。水にはさらしません

煮干の山里煮

信州の山里で、地元のおばさんから教わった料理です。日本酒にぴったりの酒の肴。お値打ちに作れるのも魅力です。少し多めのレシピになっていますので、おすそわけにいかがですか。

【材料】（4人分）
煮干し……30g
煮汁
- 水……70㎖
- しょうゆ……大さじ2
- 砂糖……大さじ2
- 鷹の爪……1本

一味唐辛子……適宜

【作り方】
① 煮干しはミキサーで粉末状に砕きます。
② ①と煮汁の材料を鍋に入れ、火にかけます。中火から弱火で、木べらで混ぜながら煮つめていきます。
③ 鍋底が見えてきたら火を止め、味見します。唐辛子の辛味が足りなければ、一味唐辛子を加えてください。冷蔵庫で1週間ほど日持ちします。

冷めると固くなりますので、水分は少し残します

このひと手間

煮干しはしっかり粉末にしたほうがおいしくできます。十分に粉砕できないときは、ザルで漉《こ》しましょう。

かちりじゃこの生姜焚き

かちりじゃこは、釜揚げしたしらすを天日で乾燥させたもの。
三河育ちの私は、地産のしょうがとたまり醤油で焚きます。
たまりは濃い色に反して塩分量が少なく、蛋白質豊富で旨い醤油です。

【材料】（4人分）

ちりめんかちりじゃこ…100g
しょうが…3かけ
煮汁
- 水…300㎖
- 酒…150㎖
- 砂糖…大さじ3
- しょうゆ…大さじ2
- たまりじょうゆ…大さじ2

木の芽…4枚

【作り方】

① じゃこは一度水洗いし、汚れを取ります。しょうがは千切りにします。

② ①と煮汁の調味料を鍋に入れ、火にかけます。沸騰したら弱火にし、焦げないように箸で混ぜながら、15～20分ほどコトコト煮ます。つゆが少なくなってきたら、火を止めます。

③ 常温まで冷まし、小鉢に盛って木の芽を添えます。冷蔵庫で5日から1週間ほど持ちます。

きゃらぶき

料理、甘味のつけあわせに、お茶うけに欠かせない春の味覚。手間はかかりますが、中留めして濃い黒色に煮上げましょう。冷蔵庫で一週間ほど保存できます。

【材料】（おいしくできる量）

ふき……………400g
たまりじょうゆ……90mℓ
しょうゆ……………40mℓ
砂糖……………40g
水……………500mℓ

【作り方】

① ふきは一度軽く水で洗い、塩を少しまぶして、まな板の上で板ずりします。表面の汚れが取れたら、もう一度水で洗い、ザルにあげます。
② ①のふきを3、4cmの長さに切り、ザルに入れて半日ほど風通しのよい場所で日陰干しにします。
③ ②を水と調味料とともに鍋に入れ、火にかけます。沸騰してきたら中火にし、アクを取りながら3分ほど煮ます。火を止め、常温まで冷まします。鍋についた汚れは、ぬれふきんで拭き取ります。
④ ③のふきを下から上に混ぜ、鍋をもう一度火にかけます。沸騰したら弱火にし、ゆっくり5分ほど煮ます。火を止め、また常温まで冷まします。
⑤ ④のふきをまた、下からよく混ぜます。この時点ではつゆもだいぶ少なくなっていますので、箸で混ぜながら中火くらいの火にかけます。濃くなったつゆをからめながら、味をととのえます。

コラム

おいしさのためには、心に余裕を

まだか茂免に入店したての頃のある日、お弁当の注文が数本ありました。大した数ではなかったので、若い私たちがのんびり惰眠を貪っていたところ、朝早く出勤してきた親方に叩き起こされました。お弁当をきれいに詰め終わり、何度もチェックしてもまだ一時間ほど余っています。「なあんだ」と思った私に、親方は言いました。「慌てて作るとろくなものはできない。心に余裕が欲しい」と。

たとえば右のきゃらぶき。濃くおいしそうな色に煮上げるには、三度火を留めて、余熱で中までじっくり色と味を含ませることが重要です。中留めをしなければ、薄い色のまま煮詰まってしまいます。

じゃがいもやかぼちゃを煮るときは、ひたひたにかぶるくらいの水で、沸くまでは全開の火でよいのですが、沸騰後は半分から$1/3$くらいの火力にしぼり、弱火でゆっくりコトコト煮ます。火が強いと、表面が煮くずれてしまいます。

青菜などの野菜を色よく仕上げたいときは、下茹でして急冷し、味付けつゆに漬けて冷蔵庫に置いておきます。食べる直前に料理の中に入れれば、熱で色が抜けるのを防げます。

ご家庭でも一時間以上前から準備を、とは言いませんが、こういった手間をかける余裕が持てれば、自信も生まれ、よりおいしい料理ができます。

料理は人に食べてもらって、磨かれます。また、食べる人の、食べる様子を想い描きながら作ることで、ぐっとおいしくなります。お酒のつまみなら、ちょうどいい塩加減より少し強めに、ビールやワインに合わせるなら少し油っこく、甘い料理の次には辛い料理、体調の悪い人にならさっぱりめ、夏でもエアコンの効いた部屋で食べるなら温かく濃いもの…。そうやって相手のことを考えて作るうちに、料理もいろいろアレンジができるようになってきます。

食べる人を思いやり、焦らず料理と向きあえる、その余裕が一番の調味料かもしれません。

夏

胡瓜《きゅうり》の黄色い花や上品な紫の茄子花が、ガラスの器を鮮やかに彩る…涼しげなあしらいに風流を感じる夏。魚は生よりも、塩気の強い干物、〆にはつるりと喉ごしの良い麺。

とはいえ、夏の料理も昔とは少し変わってきました。か茂免は日本家屋なので、ホテルのように玄関からひんやり、という訳にはいきませんが、お座敷は涼しく調整されています。

ですからお料理も冷たいものばかりでなく、むしろ温かいものをお出ししています。たとえば、すまし仕立てで鶏肉、油揚げ、葱など具だくさんの冬瓜汁。旬の生姜も、冷えを

防ぐのに一役買ってくれます。気温、室温と賢くつきあうのも、料理人の仕事です。

◆6月の旬食材　鮎、黒鯛、鰺、縞鰺《しまあじ》、すずき、太刀魚、鮑《あわび》、南瓜《かぼちゃ》、茄子、胡瓜、じゅんさい、おくら、桑の実、谷中生姜

◆7月の旬食材　いさき、舌平目、かじきまぐろ、鰻、土用蜆《しじみ》、さざえ、岩牡蛎《かき》、冬瓜、枝豆、小豆、大葉、茗荷《みょうが》、トマト、実山椒

◆8月の旬食材　車海老、芝海老、うるめ鰯、菱蟹、蝦蛄《しゃこ》、どじょう、蜆、とうもろこし、すだち、西瓜《すいか》、葡萄《ぶどう》、無花果《いちじく》

夏会席

前菜、鮑、ラッカセイ、柔らか焚き 木の芽、
子鰯酒盗干。茶豆塩茹、
チェダーチーズ包揚、
新㊉手綱みつ煮、胡麻塩焼
(猪口) 牛肉生姜焚き
(小茶碗) 生じゅん菜。
割りそぼろ ふり柚子、

吸物、冷しトマトスープ、
西京味噌仕立。

造り代り、名古屋コーチン、さゝ身、蟹身
椎茸、木くらげ、筍、白菜、みつば
葱、香り胡椒・
手巻鮨、ガリ、
うなぎ蒲焼、出し巻玉子、
干瓢、胡瓜。

焼物、若あゆ笹焼・
隠元豆辛煮、蓼酢
新生姜、野菜たっぷり 麹味噌

煮物、石川小芋合ませ、(生)
牛肉塩麹甘漬焼。

揚物、海老志ん女サンド、
絹さや 木ノ芽
セロリーもろみ漬・揚げ

酢の物、胡瓜かみなり干、割ソース
菱ガニ、丁字茄子、

留、冷麦、牛蒡、人参、かき揚
薬味、つゆ、

水物、みつ豆、
アイスクリーム入り

前菜、

① 鮑の柔らか焚き
② 落花生の旨煮添え
③ 鰯の酒盗干し
④ チェダーチーズ包み揚げ
⑤ 新さつま芋手綱みつ煮ごま塩焼
⑥ 茶豆塩茹で
⑦ 牛肉の生姜焚き
⑧ じゅん菜つゆ

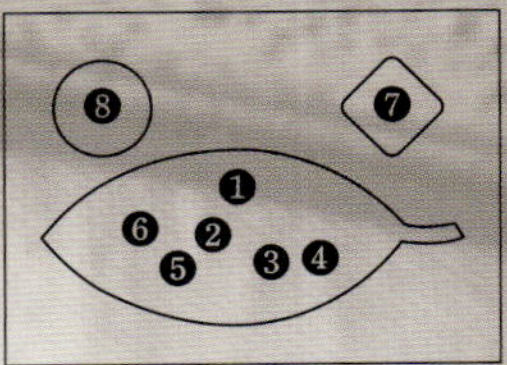

夏の前菜は、涼しげなガラスの器に盛って。

この季節、欠かせないのが茶豆でしょう。名古屋で初めて茶豆を出した店は、か茂免で間違いないはずです。あれは40年ほど前でしょうか。新潟の行形《ゆきなり》亭のご主人が持ってきてくださった茶豆に、こんなに旨く香りのよい枝豆があるのかと、衝撃を受けました。か茂免でもすぐに使い始めました。八百屋さんを通じてか、他店にも広まっていきましたね(⑥)。

あわびは4時間かけて、水と2割の酒でやわらかく煮上げています(①)。あわびと大豆を煮た「大船煮」は伝統的な日本料理ですが、私はよりコクの深い、三河の郷土料理・落花生の旨煮をあわせています(②)。

芋は、クチナシの実で黄色く色づけ、砂糖と塩でつくった甘じょっぱい蜜で煮てから焼き、卵の白身でごま塩をつけました(⑤)。ワンタンの皮でチェダーチーズを包んで揚げ、塩をふった包み揚げは、ビールのおつまみにどうぞ(④)。

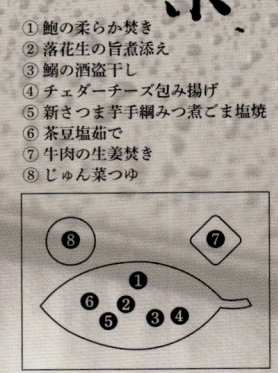

前菜、

鰯の酒盗干し

夏の初めの小ぶりの鰯を、塩辛い酒盗に漬けます。
酒の肴に最高。

【材料】（4人分）

いわし……………8尾
（1尾20 gくらいの小いわし）
かつお酒盗（びん詰め）…10 g
酒 ……………小さじ1

【作り方】

① いわしは頭を落とし、3枚におろします。腹の部分についた内臓などの汚れをきれいに洗い落とし、ザルにあげておきます。

② 酒盗を包丁で細かくたたきます。ボウルに入れ、酒でのばします。

③ ②に①のいわしを入れ、箸で混ぜます。酒盗がよくからんだら、尾のほうを金串で刺し、吊して5時間ほど日陰干しにします。手でさわって、表面がさらりとしていたら、できあがりです。

金串の両端にたこ糸を結びハンガーに吊すと、簡単に干せます

④ 炭火やグリルで、両面を炙り焼きします。

※ 生魚を干すときは、直射日光が当たらないよう気をつけましょう。暑くなるとすぐ傷んでしまいます。日差しが強い日は、屋内で扇風機の風を当てながら干してもよいでしょう。

落花生の旨煮

根菜や油揚げの角切りなどと煮て、
おいしい精進料理にもできます。

【材料】（4人分）

落花生（乾燥）……………100 g
（殻から出してあるもの・国産がよい）
水 ……………1,000 mℓ
煮汁
砂糖……………40 g
しょうゆ…………小さじ5
酒……………大さじ1
みりん……………小さじ1

【作り方】

① 落花生をたっぷりの水に一晩浸します。

② 大きく戻した落花生をザルにあげ、水分を切ります。分量の水から茹で始め、沸騰してきたら火を弱め、中火でゆっくり1時間ほど煮ます。

③ 落花生がやわらかくなったら、煮汁の材料を加えて味をつけます。煮汁が半分ほどに減ったら、弱火にし、味をととのえます。約15分煮つめてできあがり。

渋皮はつけたままで使います

牛肉の生姜焚き

三河ではお盆までが旬の生姜で、さっぱりと。
飽きのこないおかずです。

【材料】（4人分）
牛肉……………200g
（脂が多すぎない、もも肉がおすすめ）
水……………600mℓ
しょうが…………30g（3かけほど）
煮汁
砂糖…………大さじ2½
しょうゆ………小さじ4
たまりじょうゆ…小さじ2
酒……………小さじ4

【作り方】
① 牛肉をさいの目切りにします。
② 沸騰した湯に牛肉をさっとくぐらせ、冷水にとって冷まし、ザルにあげます。
③ しょうがは洗って、2cmの長さの千切りにします。きれいに洗えば、皮はむかなくてけっこうです。
④ 鍋に②の牛肉と分量の水を入れて火にかけ、煮立ったら中火にし、アクを取りながら煮ます。
⑤ 肉がやわらかくなったら、③のしょうがと煮汁の調味料で味つけし、落としぶたをして煮つめます。煮汁を⅓〜¼残し（冷めると煮汁が減ります）火を止める前に鍋を傾けて全体にからめます。

霜降りの湯にくぐらせる時間は、5秒ほど。箸で2、3度かき回す程度です

このひと手間

②で霜降りをすることで肉がかたまりになるのを防ぎます。調味料を入れると肉が固くなるので、最初に水でやわらかく、中に火が通るまで煮るのもおいしさのコツです。

じゅん菜つゆ

昔は東山動物園あたりでもとれたじゅん菜。
冷たいつゆでつるりと。

【材料】（4人分）
じゅん菜…………100g
つゆ
だし汁…………200mℓ
しょうゆ………大さじ1
煮切りみりん……小さじ4
柚子皮…………少し

【作り方】
① じゅん菜は流水できれいに洗います。
② つゆの材料をあわせ、おいしく飲める味にととのえて、冷蔵庫で冷やします。
③ 器に①を入れ、よく冷えた②のつゆを張ります。香りづけに柚子皮をおろして入れます。

吸物

冷やしトマトスープ 西京味噌仕立て

ほんのり甘い、和風ミネストローネのようなスープは、か茂免で50年以上前からお出ししているひと品。旬の野菜や魚で、一年中楽しめる料理です。寒い季節には葛で少しとろみをつけた温製で、1、2月は「梅花碗」、3、4月なら「桜碗」と名前を変えて登場します。ちなみに私が入店した頃はなんと「ピンク汁」と呼ばれていました。

夏は冷製スープで。玉子豆腐を浮かべてつるりとした食感を楽しむのもよいでしょう。ベーコンや合い挽き肉、なめこなども具材としておすすめです。ご家庭では冷蔵庫のお掃除にもなりますね。

このひと手間

口あたりのよいスープにするためには、手順②のスープをザルで漉《こ》しましょう。さらりとおいしくいただくためには、具材の細かさや、量を控えること（欲張ってたくさん入れない）も重要です。

【材料】（4人分）

スープ	だし汁	800㎖
	西京みそ	80g
	信州みそ	60g
	砂糖	40g
	トマトジュース（有塩）	550㎖
具材	鶏もも肉	50g
	きす	半切れ
	かに身（むき）	40g
	えのき茸	30g
	木くらげ	20g
	たけのこ（水煮）	50g
	白菜	1枚
	長ねぎ	½本
	三つ葉	適宜
バター		30g
こしょう		少々

【作り方】

① 具材はできるだけ小さく切ります。肉は半分凍らせて、ねぎなどの細長い野菜はバラバラにならぬよう、端を少し残して縦に十字の切り目を入れておくと、細かく刻みやすいでしょう。

② だし汁を火にかけ、グラグラ沸いてくる直前で火を止め、西京みそ、信州みそ、砂糖を入れて少し甘めのスープを仕立てます。

③ 鍋を中火にかけ、バターを溶かし、鶏肉を炒めます。焼き色がついたところで、他の具材も全て加え、さっと炒め、②のスープを加えます。

鶏肉は炒めすぎないように。表面の色が変わり始めたところで、他の具材を投入します

④ 沸騰する手前で火を弱め、トマトジュースを入れ、砂糖で味を調整します。薄く感じるくらいに留めておくのがコツです。

⑤ 火を止め常温まで冷まし、十分に冷えたところで、冷蔵庫に入れます。

⑥ お椀に注ぎ、刻んだ三つ葉を散らし、また味をととのえます。香りづけにこしょうをふります。

※ 汁物をはじめ、料理のコツは薄味に作っていくことです。薄味のものは後から調味料を加えておいしくできますが、濃くなってしまったものを薄くのばすと、なかなか旨くなりません。塩分は特に、冷めると強く感じますから、冷製の場合はがまんして控えめに味つけしましょう。

造り代り、小さな手巻き寿司

定番の具材で楽しむ手巻き寿司。具をお皿に盛り込み、好みで巻いて食べるのも楽しいものですが、今回はおもてなし用に、小さく可愛らしくつくってみました。

この頃は、寿司屋でも出来合いのかんぴょうや玉子を使うようになってしまいました。ここで紹介するかんぴょうの旨煮は、市販品より味も色も薄め。ぜひ一度ご自分の好きな味につくってみてください。だし巻き玉子は、オムレツ型ならば、気軽に手早くつくれるでしょう。

手巻き寿司のバリエーション
明太子と納豆
納豆は刻みネギ、刻み海苔、辛子とあえたもの。
旬の魚ももちろんおすすめです

【材料】（4人分）

すし飯（材料を混ぜあわせ冷ましておく）
- ご飯……………3合分
- 酢………………80mℓ
- 砂糖……………大さじ4
- 塩………………大さじ1

だし巻き玉子
- 卵………………5個
- だし汁…………180mℓ
- サラダ油………適量

きゅうり…………2本
うなぎ蒲焼き……2枚
かんぴょう旨煮

かんぴょう旨煮

【材料】（作りやすい量）
かんぴょう（乾燥）……20g
煮汁
- だし汁…………300mℓ
- 砂糖……………大さじ3
- しょうゆ………大さじ2
- みりん…………少々

【作り方】
① かんぴょうは一晩水で戻します。
② ①と煮汁を鍋に入れ、中火でゆっくり煮汁がなくなるまで煮ます。
③ 食べやすい大きさに切ります。

耳たぶくらいのやわらかさに煮ます。
冷蔵庫で5日ほど日持ちします

【作り方】
① きゅうりはよく洗い、塩少々をつけてまな板の上で板ずりします。洗って上下を切り落とし、食べやすい長さに、縦に4～6つに割ります。薄く種の部分は少し切り取っておきましょう。塩をふってしんなりさせておきます。
② 卵5個とだし汁を軽く混ぜあわせ、1/3を、熱し油をひいたフライパンに流し込みます。半熟の状態になったら、フライパンの端に寄せ、オムレツの形を作ります。残りの卵を2回に分けて加え、同様に形をととのえながら焼きます。

このくらいの半熟状態になったら端に寄せて…

手首でフライパンの柄を叩き、振動させて少しずつひっくり返します

③ うなぎの蒲焼きは、適当な大きさに切ります。
④ ①～③の具材と、かんぴょう旨煮を、それぞれ海苔で巻きます。

海苔は五角形に切っておきます。
すし飯を薄くのせ、具材を巻きます

焼物

若鮎の笹焼き

夏の風物詩といえば鮎ですね。特に川に恵まれた東海地方では、香味と旨さが増した鮎が手に入ります。塩焼きが不動の人気ですが、今回は香りのよい笹ではさみ、七夕の季節にぴったりの涼しげな一品に仕立ててみました。笹の葉には抗菌作用があると言われ、お弁当にもおすすめです。

つけあわせは、たまり醤油で色濃く煮上げたいんげん豆を漬け物がわりに。冷蔵庫で10日以上日持ちします。春のきゃらぶきのように、お茶うけやごはんの友にもどうぞ。

このひと手間

鮎の漬けつゆは、「玉酒《たまざけ》」ともいい、魚の臭みを除去し、旨味を閉じこめる工程です。（手順③）

ボウルにどぶ漬けしておくだけです

【材料】（4人分）

若あゆ……………………4尾

漬けつゆ

- 水……………………500㎖
- 酒……………………100㎖
- 塩……………………大さじ1

笹の葉……………………16枚

【作り方】

① あゆは水洗いし、腹を切って内臓を取り出します。腹の中もきれいに洗っておきましょう。

② 布（キッチンペーパー）で水分を軽く拭き取り、頭を落とさずに三枚におろします。エラを取り、中骨の血合いのところなどの汚れを、よく洗い取ります。

③ 漬けつゆをあわせ②を40分ほど漬けます。

④ ③をザルにあげ、44ページのいわしの酒盗干しと同じ要領で、金串に刺して日陰干しにします。

⑤ ④のあゆが乾いて表面がさらりとしたら、洗った笹の葉ではさみ、写真のように竹串で留めます。

三枚におろしたら、腹の部分についた黒い汚れもきれいに洗いとります

3枚おろしした鮎は、中骨の部分も使用します

縫うように2回、竹串を刺します

⑥ 表面にハケで油を軽く塗り、網またはグリルで、中火で焼きます。中骨の部分は笹にはさまず焼き、身の部分と重ねて盛りつけます。

いんげん豆辛煮

【材料】（作りやすい量）

さやいんげん……………250g

塩水
- 水……………400mℓ
- 塩……………小さじ2

煮汁
- 水……………100mℓ
- しょうゆ……………70mℓ
- たまりじょうゆ…大さじ1
- 砂糖……………大さじ1

【作り方】

① いんげんは洗って3等分くらいに切り、塩水に一晩漬けます。
② ①をザルにあげ水気を取り、煮汁と鍋に入れて火にかけます。沸騰したら火を弱め、煮汁が半量ほどになるまで中火で煮ます。
③ 一度火を止め、常温まで冷まします。
④ 再び中火にかけます。沸いてきたら火を弱め、焦げないよう箸でかき混ぜながら、煮汁がなくなるまで弱火で煮つめます。

このひと手間

いんげんの手順③は「中留め」といい、煮る途中で一度常温に戻すことで、素材の中に味と煮汁の色をじっくりしみこませ、保存性を高めます。

煮物、

石川小芋旨煮と牛肉塩麹甘漬焼 絹さやと木の芽添え

石川小芋は、初夏から出回る早生《わせ》の里芋です。ここではこの小芋と絹さやを、色よく美しく仕上げるごく簡単なひと手間を紹介します。

塩麹《こうじ》漬は昨今のブームに乗って始めましたが、素材が旨いだけでなく柔らかく仕上がり、すっかり定番になりました。にんじんやセロリなどの野菜を一緒に漬けるのもいいですね。塩味がきついので、か茂免では砂糖をたっぷり加えています。春から夏が旬の、和の香辛料・木の芽を添えて。

【材料】（4人分）

石川小芋旨煮

- 石川小芋（里芋）……400g
- 酢……小さじ2
- 煮汁
  - だし汁……300㎖
  - みりん……60㎖
  - 砂糖……大さじ1
  - 白しょうゆ……大さじ1
  - しょうゆ……小さじ2

牛肉塩麹甘漬焼

- 牛肉（サーロイン）……160g
- 塩麹漬床
  - 塩麹……200g
  - 砂糖……80g

絹さや含ませ

- 絹さや……8枚
- 味付つゆ
  - だし汁……150㎖
  - 煮切りみりん……小さじ1
  - 白しょうゆ……小さじ1

このひと手間

里芋は、酢を入れて下茹ですることでアクが取れ、煮くずれしにくくなります。面倒なようですが、最初から煮汁で煮たときよりも調理時間が短く、やわらかく仕上がります。

野菜の緑を鮮やかに残すのにも、下茹でが活躍します。絹さやの工程は、青菜などにもそのまま応用できる技。ホウレン草やフキなどアクのある野菜の場合は、下茹での後、冷水で冷ましましょう。

食べる直前に、温めたつゆの中に戻します

【作り方】

石川小芋旨煮

① 小芋は洗い、皮をむきます。ボウルに入れて薄く塩をふり、軽く手もみしてぬめりを取った後、水で洗います。

② ①の小芋を、分量の酢とたっぷりの水で下茹でします。弱火にかけて、串が通るくらいのやわらかさになったら、火を止め冷水にとり、軽くもみ洗いしてザルにあげます。

③ ②を鍋に入れ、煮汁を加えて、中火にかけます。鍋底や煮汁のフチが焦げないよう時々鍋を揺すり、味を見ましょう。

④ 煮汁が$\frac{1}{3}$ほどになったら、火を止めます。

牛肉塩麹甘漬焼

① 塩麹に砂糖を加え、よく混ぜておきます。塩麹はメーカーによって水分量が違いますので、適宜酒でのばしてください。

② 牛肉をバットなどの容器で、①にドブ漬けします。

③ ②を串に打ち、炭火で焼きます。ご家庭ならフライパンでもけっこうです。焦げやすいので、注意しましょう。

写真のような一口大なら1、2時間で十分に浸かります。ステーキ大なら半日

絹さや含ませ

① 絹さやは筋を取り、薄く塩をふっておきます。

② 味付つゆの調味料をあわせます。味加減は吸い物より少し濃いくらい。常温にしておきます。

③ 鍋に湯を沸かし、塩をひとつまみ入れ、①の絹さやを素早く（箸で2、3度回す程度）茹でます。ザルにあげ、うちわか扇風機で冷まします。

④ ③を②の味付つゆに漬けこみ、食べる直前まで冷蔵庫に入れておきます。

⑤ 味付つゆから絹さやを取り出し、つゆだけ鍋で温めます。つゆが沸いたら絹さやを鍋に入れさっと温めて、他の料理と一緒に盛ります。

揚げ物、

海老志ん女パンサンド揚げ

やわらかく、海老の旨味と甘みが溢れるしんじょは、小さいお子さんはじめ老若男女に人気のある料理。まあるく団子にし、片栗粉をつけて揚げたり、小さく切ったパンをまぶして「あられ揚げ」にしたり、様々な装いでお出ししますが、今回はパンでサンドして、食べやすくこしらえました。

揚げ物の口なおしにはさっぱりとした野菜を。匂いが独特なセロリ。私が修行中の頃はまだ珍しい食材でもあり、洗うだけで嫌だったものでした。

この酢漬けは匂いが消えて、とにかく簡単。セロリの葉を添えれば彩りもきれいです。

【材料】（4人分）

えび……………………350g
玉ねぎ…………………¾個
食パン（サンドイッチ用）…4枚
砂糖……………………小さじ1
塩………………………少々
玉子の素（マヨネーズで代用可）
　卵黄…………………1個分
　サラダ油……………大さじ2
　塩……………………ひとつまみ
割りソース
　ウスターソース…60㎖
　だし汁………………40㎖

【作り方】

① えびは頭を取り、洗って皮をむき、背ワタを取って、キッチンペーパーで水分を拭き取ったら、包丁の背でたたいてつぶします。

② 玉ねぎはみじん切りにして水で洗います。布（キッチンペーパー）でよくしぼっておきましょう。

③ 玉子の素をつくります。卵黄をボウルに入れ、塩をひとつまみ入れます。サラダ油を少しずつ加えながら、マヨネーズ状に固まるまで泡立て器で混ぜます。

卵1個では泡立てるのが難しいので、うまくいかなければ倍にしてみてください。サラダ油を冷やしておくと、固まりやすくなります

④ ③に①②を入れて、ゴムべらでなめらかに混ぜあわせ、砂糖と塩で味つけします。

⑤ ④のペーストをパン2枚でサンドします。

⑥ 中温で7、8分ほど、途中でひっくり返し、両面がキツネ色になるまで揚げます。鍋からあげたら、縦に置いて油を切りましょう。

⑦ 食べやすい大きさに切って盛りつけます。ウスターソースをだし汁で割った割りソースを添えて。

揚げにくければ半分に切ってもよいでしょう。ただし、小さいほど油を吸いやすくなります

セロリ酢漬け

【材料】（4人分）

セロリ…………………150g（2本）
酢………………………大さじ1
塩………………………ひとつまみ

【作り方】

① セロリは洗って皮をむき、ななめに薄くスライスします。

② 切ったセロリを海水より少し濃いくらいの塩水（分量外）に15分ほど漬けておきます。しんなりしたら、水洗いします。固くしぼり、キッチンペーパーで水気をよく取りましょう。

③ 酢を入れ、固くしぼります。味が薄ければ、塩少々でととのえてください。

セロリはこのくらいの薄さに切ります

酢の物

胡瓜雷干し 菱がに添え

雷神の太鼓のように輪がつながる「雷干し」。パリパリと食べる音も雷鳴のように聞こえます。今の方は馴染みがないかもしれませんが、古くからある料理です。すぐにしなっとしてしまうきゅうりですが、2日かけて雷干しにすれば、おいしい歯ごたえが数日残せます。濃縮されたきゅうりの旨味は、冷たいビールにもあいます。

「菱がに」はワタリガニの別称。三河でよくとれる、肉が多くておいしいかにです。

【材料】（4人分）
きゅうり……………4本
塩　……………………適量
だし昆布（10cm×15cm）…2枚

このひと手間

写真では稲妻の形のような、らせん形にむいていますが、ご家庭ではそぎ切りなど楽な切り方でけっこうです。厚めに切るのが、歯ごたえを残すコツです。

❶筒型で種を抜きます

❷このようにらせん形にむきます。難しいですが、なるべく厚くむきましょう

Ⓐ簡便にする場合は、種をこのようにそぎ

Ⓑ厚めにななめに切りましょう

【作り方】

① きゅうりは水洗いし、上下を少し切り落として、少量の塩で板ずりします。

② 傷みやすい種の部分を取り除き、食べやすい大きさに切って、薄く塩をふります。

③ ②のきゅうりをザルなどにのせ、上下ひっくり返しながら、風通しのよい場所で1日陰干しします。

④ 昆布をさっと洗い、水分を拭き取って、1枚をバットに広げます。③の干したきゅうりをのせ、もう1枚の昆布をかぶせます。上から重石をのせ、冷蔵庫で1日漬けます。

⑤ 味見して、薄ければ塩で調整します。お好みで、炒りごまや、大葉、しょうがなどの薬味をからめてもよいでしょう。

1日干し終わった状態。写真のようにたこ糸を結び、吊り下げて干してもよいでしょう

茹でがに

【材料】（4人分）
かに（活）……………2～4杯
塩
すだちまたはレモン…2個

【作り方】

① かにの足をたこ糸でしばり、水に10分ほどつけて動かないようにします。

② 2、3％の塩水で茹でるか、全体に少し塩をふり蒸します。調理時間はかにの大きさにもよりますが、いずれも20～30分ほど。

③ 茹で（蒸し）あがったら、旨味を含んだ汁が流れ出さないよう、甲羅を下にして冷まします。

④ 常温に冷めたら、甲羅をはずして身を取り出し、ほぐします。すだちやレモンを、お好みでしぼりかけます。

熱でもがくうちに脚がとれてしまうので、くるくると束ねるようにしばります

留、

冷や麦　かき揚げ添え

夏のシメにはさっぱりと冷や麦を。かつ茂免では、安城市和泉から、コシのある手延べ麺を取り寄せて使用しています。しいたけの旨煮やしそなども定番の薬味ですが、今回は品のよい、小さなかき揚げを添えました。

ご家庭では、市販の濃縮の麺つゆを使っていただいても構いませんが、簡単に手づくりできますので、一度お試しください。

【材料】（4人分）

冷や麦……………400～500g

麺つゆ

- 水…………………700㎖
- しょうゆ…………140㎖
- みりん……………230㎖
- かつお節…………30g

薬味

- 刻みねぎ…………1本
- おろししょうが…40g
- 切りごま…………10g（炒りごまを包丁で細かく刻んだもの）

【作り方】

① 麺つゆをつくります。鍋に材料をあわせ、火にかけ、沸騰する前に火を弱めます。沸かないように注意しながら、そのまま7、8分加熱します。鍋のまま常温まで冷まし、かつお節を濾《こ》して、冷蔵庫でよく冷やします。

② たっぷりの湯を沸かし、冷や麦を入れて、箸で軽くほぐします。湯が再び沸騰したら、中火に弱め、1、2度差し水をしながら、芯が透明になるまで茹でます。冷水にとり、もみ洗いしてザルにあげます。

③ 氷水を張った器に冷や麦を入れ、薬味と麺つゆを添えます。

牛蒡と人参のかき揚げ

【材料】（4人分）

ごぼう……………¼本

にんじん…………¼本

衣

- 小麦粉（薄力粉）…60g
- 卵黄………………1個分
- 水…………………100㎖

【作り方】

① ごぼうはタワシで洗い、にんじんは薄く皮をむきます。長さ4、5㎝、マッチ棒より少し太いくらいの細切りにします。

② ①をボウルに入れ、小麦粉を薄くまぶします。

③ 冷水を少しずつ加えながら卵黄を溶き、小麦粉を入れてさっくりと混ぜあわせます。

④ ③の衣を②のボウルに入れ、ごく軽く混ぜあわせます。混ぜすぎて粘りがでないようにしましょう。ひと山ずつ中温の油に入れて、揚げます。

鍋からあげる前に、先端だけを油につけて少しおきます。中の余計な油が、熱で下に落ちます

このひと手間

かき揚げの野菜には、軽く小麦粉をまぶしておきましょう。揚げたときにバラバラになるのを防げます。衣は、軽く混ぜること。混ぜすぎると、卵の粘りけが失われてしまいます。

小麦粉の量は、全体がうっすらと白くなるくらい

水物

フルーツたっぷり冷やしみつ豆

ここ20年くらい前から、料理屋でもケーキやアイスクリームのようなデザートを出すようになりました。昔は「水物」といって果物だけをお出ししていたものです。果物の甘みは、食べた後ですっとひきますね。本来は、会席料理を召し上がった後、口の中をあっさりさせるためのものだったのです。

とはいえ、時代の要請というものもあります。夏はいろんな果物が出回る季節。みつ豆で旬の果物を贅沢に楽しんでください。余韻を残しすぎぬよう、甘さは控えめに。

【材料】（4人分）

みつ豆

白玉粉……50g
季節の果物……各適量
（メロン、スイカ、マンゴー、さくらんぼなど）
あずき豆（缶詰など）
アイスクリーム
（抹茶、バニラなど好みのものを。写真ではトマトのアイスを使用。）

小豆あん

小豆……２００g
砂糖……２００g
塩……少々

黒砂糖入りシロップ
（少し多めの分量になっています）

白砂糖……70g
黒砂糖……50g
水……５００mℓ

【作り方】

フルーツたっぷり冷やしみつ豆

① 白玉をつくります。白玉粉に水を少しずつ入れ、耳たぶくらいのやわらかさに練って、小さな玉に丸めます。沸騰した湯の中に落とし、浮いてきたら冷水にとって冷まします。
② 果物は食べやすい大きさに切ります。
③ 器に①②とあずき豆を盛り、小豆あんとアイスクリームをのせて、冷やしたシロップをかけます。お好みでミントの葉を飾りつけに。

小豆あん

① 小豆は洗って、たっぷりの水で一晩戻します。夏季は冷蔵庫内で戻すとよいでしょう。
② ①を水ごと鍋に入れ、火にかけます。沸騰してきたら中～弱火にし、ゆっくりコトコト、指でつぶせるくらいのやわらかさにまで煮ます。
③ 味見をしながら、砂糖を入れます。塩はお好みで。
④ 焦げないように木しゃもじで混ぜながら、煮つめていきます。鍋底が見えるようになったら、火を止めて冷まします。

黒砂糖入りシロップ

① 鍋に材料を入れ火にかけます。黒砂糖がすべて溶けたら、火を止めて常温に冷まし、冷蔵庫へ。
② 食べる前にお好みで、ブランデーで香りづけを。

夏 単品

夏　単品

太刀魚塩麹漬焼

塩麹《こうじ》漬にすることで、太刀魚のうまみが際立ちました。スズキ、甘鯛などの白身魚でもおいしく仕上がります。旬の新しょうがは火入れして殺菌した酢を使えば、一週間は日持ちします。

【材料】（4人分）

太刀魚……………2切れ

塩麹漬床

- 塩麹……………200g
- 砂糖……………80g
- 酒……………適宜

【作り方】

① 52ページと同様に塩麹漬床を用意します。

② バットに①を2割くらい入れ、平らにのばし、上にガーゼを敷きます。太刀魚を並べ、その上にまたガーゼをのせて、①の残りを入れ、冷蔵庫で身の薄いものなら2、3時間、厚いものなら半日漬けます。

③ ②を炭火か、アルミホイルにのせてコンロで焼きます。

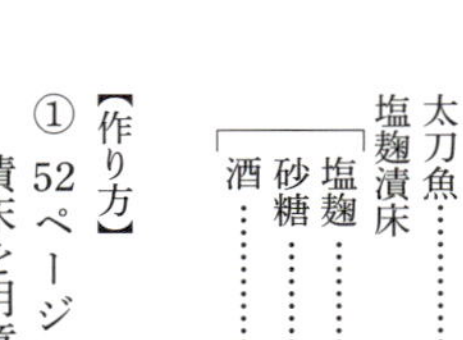

太刀魚は身がやわらかいので、ガーゼに包んで漬けます。浸かりが早いので注意！

新生姜酢漬け

【材料】（4人分）

新しょうが……………4本

甘酢

- だし汁……………80mℓ
- 酢……………40mℓ
- 砂糖……………大さじ2
- 塩……………小さじ⅓

【作り方】

① 新しょうがは、葉の部分を切り、きれいに洗います。

② 沸騰した湯に酢を少し入れ、①をさっと茹で、冷水にとります。

③ 冷めたら、水分をよく拭き取り、甘酢に漬けます。半日から1日くらいで浸かります。

先端を3〜5秒茹で、手を放して全体を3秒茹でます

親子焼き

彩りのきれいな厚焼き玉子はいかがでしょう。だしが入っているので、冷めてもやわらかく、夏は冷蔵庫で冷たくしても、ひんやりおいしくいただけます。

できたての熱いうちは濃く感じますが、冷ますとちょうどよい味つけになっています。お弁当に入れる場合は、もう少し味つけを濃くするとよいでしょう。

巻くのが面倒なら、48ページのようにオムレツ状に焼くという手もあります。この分量で4個くらいのオムレツが作れます。

【材料】（4人分）

卵……5個
鶏もも肉……60g
三つ葉……3cmくらい
だし汁……200mℓ
調味料
　砂糖……大さじ2
　白しょうゆ……大さじ1
　しょうゆ……小さじ1
サラダ油……適量

【作り方】

① 鶏肉はできるだけ細かく刻みましょう。具が大きいほど巻くのが大変です。

② だし汁を鍋に入れ火にかけて、①の鶏肉と調味料を入れます。沸いてきたら箸でばらし、すぐ火を止めて常温に冷まします。火が入りすぎると肉が固くなるので、思い切ってすぐ止めましょう。余熱で十分、味がしみこみます。

③ ボウルに卵を割り入れ、箸でかき混ぜます。卵はほぐしすぎると粘りがなくなるので、軽く。

④ ③に細かく刻んだ三つ葉と、②を煮汁ごと入れて混ぜあわせます。

⑤ 玉子焼き鍋をよく熱し、油を綿花またはキッチンペーパーに含ませて、薄くひきます。一度火からおろし、ぬれタオルにのせて熱を取ります。

⑥ 玉子焼き鍋を再び火にかけます。箸の先で、卵液を少し落としてみてください。2、3秒置いて固まるのが適温です。

⑦ 玉子を4度に分けて巻きます。④の¼量を鍋に流し込み、全体に行き渡らせます。

泡がプツプツとふくれあがってくるので、箸の先でつぶし、あいた穴には鍋を傾けて卵液を流しこみます。

⑧ 半熟状になってきたら、鍋の奥側を下に、ななめに持ち上げ、固まっていない卵液を奥に流し込みます。奥のほうが分厚くなったら、今度は鍋の手前側を下にして、奥から手前に巻きます。

⑨ 巻いた玉子を奥に寄せ、鍋を火からおろします。玉子がのっていない部分に油をひき、卵液を流しこんで⑦⑧をあと3回繰り返します。

⑩ 玉子がきれいに巻き上げられなかった場合は、熱いうちに巻きすで巻いて形をととのえます。

箸を使って、奥から転がすように巻いていきます

手前に寄せたら、玉子焼き器の端で角をよく焼きます

車海老の緑揚げ　トウモロコシ添え

愛知県は海老の宝庫。
中でも車海老は「愛知県の魚」とされる代表選手です。
こちらは甘い海老に、枝豆をつけて香ばしく揚げた夏の逸品。
枝豆とトウモロコシを逆にしても楽しめます。

【材料】（4人分）

車えび……………30ｇくらいのものを8尾
枝豆（茶豆）………300ｇ
片栗粉……………少し
衣
　小麦粉（薄力粉）…適量
　卵…………………1個
トウモロコシ………2本
バター………………20ｇ
塩・こしょう………少々

【作り方】

①えびは頭を落とし、背わたを竹串の先などで取って、よく洗います。皮をむき、はぜやすい尾のトゲの部分を切り落とします。腹側に3、4カ所切り目を入れて、まっすぐに伸ばします。

②枝豆はたっぷりの塩水で5分ほど茹で、冷水で冷まし、ザルにあげます。さやから実を出し、薄皮もむいて、キッチンペーパーで水分を取ります。

③②を包丁で細かくたたき切り、片栗粉をまぶします。

④①のえびに小麦粉をまぶし、溶き卵をつけます。③の枝豆をたっぷりつけて、はがれないように手でしっかり握ります。

⑤④を中温の油で、浮いてくるまで揚げます。

⑥トウモロコシは蒸し、包丁で身を削り取って、粒をバラします。熱したフライパンにバターを溶かし、中火で炒め、塩・こしょうで味つけます。

⑦器に⑤と⑥を美しく盛りつけます。

身に斜めの切り目を入れます

切り目を入れたら、手で腰を折ってまっすぐに伸ばしましょう

片栗粉で水気をカバーした枝豆を、ぎゅーっと握ってはがれないようにつけます

玉葱のスープ焚き

じっくりとやわらかく煮込んだ玉ねぎに、
とろりと甘い味噌だれ。小さいお子さんにも喜ばれます。
夏季はぜひ旬の新玉ねぎをお使いください。
ご家庭では、鶏ガラスープはインスタントでかまいません。

【材料】（4人分）

玉ねぎ……………4個
※小さめのもの
小えび……………4本
さやいんげん………2本
柚子皮……………少々
鶏ガラスープ
- 水…1,000mℓ
- 鶏ガラ
- もみじ（鶏の足）
- 香味野菜（長ねぎ、にんじん、玉ねぎなど冷蔵庫の余り野菜）

だし汁（かつお）……1,000mℓ

甘味噌
- 合い挽き肉…50g
- サラダ油……少々
- 八丁みそ……80g
- 白みそ………70g
- 砂糖…………70g
- 酒…………小さじ4（水でもよい）

【作り方】

① 鶏ガラスープをつくります。鶏ガラともみじは霜降り（沸騰した湯に入れ、表面が白くなったら冷水にとる）して冷まし、表面の汚れを取ります。水と香味野菜とともに鍋に入れ、火にかけ、アクを取りながら中火で1時間煮込みます。漉《こ》しておきましょう。

② 玉ねぎは皮をむき、上下を切って洗います。だし汁と①の鶏ガラスープを鍋にあわせ、玉ねぎを入れて、中火でぐつぐつ焚きます。竹串が通るやわらかさになったら、火を止めます。

玉ねぎはたっぷりとスープを含んでいます。
甘味噌が流れないよう、よく水気を取りましょう

③ 甘味噌をつくります。鍋にサラダ油を熱し、合い挽き肉を炒め、調味料を加えてよく混ぜます。練って酒の匂いがなくなったら、火を止めます。固くなってしまったら、だし汁か水でのばしましょう。

④ 飾りつけの小海老といんげんは、茹でて、切ります。

⑤ ②の玉ねぎを温め、水気をよく切って、器に盛ります。熱々の③の甘味噌を上からかけ、④の具を飾ります。香りづけにおろした柚子皮をのせて。

冬瓜甘酢漬　花茗荷入り

冬瓜《とうがん》の酢漬けは、冷蔵庫でなら1週間くらい、シャキシャキした食感のまま保存できます。ピンク色の茗荷《みょうが》で彩りを添えて。

【材料】（4人分）

とうがん……………200g

塩水

- 水……………600㎖
- 塩……………20g

赤トウガラシ…………1本（種をぬいて茹でる）

切りごま……………少々

甘酢

- だし汁または水…200㎖
- 酢……………60㎖（一度火にかけ沸かしたもの）
- 砂糖……………40g
- 塩……………小さじ1

【作り方】

① 甘酢をつくります。2日以上保存したい場合、水は一度沸かして使いましょう。

② とうがんは洗い、種の部分をそぎ切り、皮をむいて薄くスライスします。塩水に漬け、1時間ほどおきます。

③ ②のとうがんがしんなりとしたら固くしぼって、赤トウガラシの輪切りと一緒に甘酢に入れ、冷蔵庫に。1日で浸かりますが、食べ頃は2、3日目です。食べる直前に切りごまをからめます。

冬まで貯蔵できることから、「冬」瓜と呼ばれます。写真は塩水に漬けたところ

花茗荷

【材料】（4人分）

みょうが……………2本

甘酢……………とうがんと同じ

【作り方】

① みょうがを洗い、小さいものは半分、大きいものは¼の大きさに切ります。

② 鍋に湯を沸かし、酢を少し加え、みょうがを5秒ほど茹でます。すぐ、ボウルに入れた冷水にとりましょう。

③ ②の水分をキッチンペーパーで拭き取り、甘酢に半日ほど漬けます。

新生姜　野菜たっぷり麹味噌つき

酒の肴にそのまま食べても、生野菜や豆腐につけても
おいしい味噌を、さっぱり新しょうがでいただきましょう。
プロ野球 楽天の星野仙一監督をはじめ、お客様から
お持ち帰りのご要望が多い、か茂免の人気メニューです。

【材料】（作りやすい量）

新しょうが……………4本（やわらかいところ）
信州みそなど好みのみそ　200g（店では高山の麹みそを使用）
酒　…………………………大さじ2
砂糖…………………………80g
サラダ油……………………大さじ1
ごま油………………………大さじ1
長ねぎ………………………適量
具材（好みの野菜を彩りよく）
- えのき茸…………50g
- しいたけ…………30g（2個）
- 赤パプリカ………30g（⅕個）
- ピーマン…………30g（1個）
- 長ねぎ……………50g（½本）

【作り方】

①具材の野菜を細かく刻みます。
②鍋にサラダ油を熱し、①をさっと炒めます。みそ、酒、砂糖を加え、ゴムべらで練ります。
③全体に火が通ったら火を止め、香りづけにごま油を入れます。常温に冷めたら、保存容器に入れて冷蔵庫へ。
④新しょうがは葉を切り落とします。前年に植えた種しょうがが肥大してできる新しょうがは、外側の若い芽のほうがやわらかく辛みも少ないので、固い芯の部分を切り離し、きれいに洗います。
⑤長ねぎのみじん切りは、味噌とあえると、時間が経つにつれ水分が出て、シャキシャキ感が失われてしまいます。食べる直前に、味噌とあわせましょう。小皿に盛り、④の新しょうがに添えます。

水分をとばしすぎると、固くなります。
写真くらいのやわらかさで火を止めましょう

※長ねぎを刻むのは直前が一番ですが、たくさん刻んで、10日ほどタッパーで保存しておくこともできます。

※新しょうがの葉は、きれいなものでしたら、洗って飾りに添えるとよいでしょう。

熱い夏のカレーもまた、旨し

先代の主人も料理長も、「おいしいものなら何でもいいじゃないか」と食に対して柔軟でアイデアのある方でした。当時のか茂免には洋食の料理人がいて、会席にカレーを出すこともあったんですよ。私もまかないでよくカレーをつくりました。

このレシピは鶏ガラスープとかつおだしがベースの、香辛料の効いたカレーです。熱々も旨いですが、冷たくしてぷるっと固まったカレーを熱いご飯にかけるのも、ぜひお試しください。

【材料】（おいしくできる量）

カレー粉（市販のもの）84g
小麦粉（薄力粉）……80g
玉ねぎ…………………4個
オリーブオイル……適量
塩、黒こしょう……各適量
スープ
- 鶏ガラスープ…1,680mℓ
- かつおだし汁…1,120mℓ
- （鶏ガラ：だしを6：4の割合で）

香辛料
- クミン…………10g
- ガラムマサラ…10g
- オールスパイス…10g
- ターメリック…5～10g

調味料
- 白ワイン………200mℓ
- 薄口しょうゆ…100mℓ
- ぽん酢…………100mℓ
- トマト…………2個
- はちみつ………80g
- 塩、しょうゆ…適量

【作り方】

① 鶏ガラスープ（67ページ参照）とだし汁をあわせ、温めておきます。

② 香辛料はボウルに混ぜあわせ、①のスープを少しずつ入れてやわらかくのばしておきます。

③ 粗みじんに切った玉ねぎを、オリーブオイルでよく炒めます。炒め色がついて、玉ねぎの甘みが出てきたら、塩・こしょうで味つけます。

④ 鍋に小麦粉を入れ、焦げないように木べらで混ぜながら、キツネ色になるまでゆっくりと煎ります。カレー粉を加え、①のスープを少しずつ、ダマができないようにかき混ぜながら、入れます。

⑤ カレー粉が十分に溶けたら、残りのスープをすべてあわせ、③の炒め玉ねぎも加え、とろ火にかけます。②ののばした香辛料と調味料を入れ、時間をかけてとろとろ煮つめていきます。鍋底を焦がさないよう、こまめにかき混ぜましょう。

⑥ しょうゆと塩で味を調整し、適当なところで火を止め、常温に冷まします。

⑦ 冷蔵庫で寝かせ、食べる直前に温めます。具はお好みで。天ぷらにした夏野菜（なす、オクラ、いちじくなど）や、肉のバター焼き、鶏の唐揚げなどよいものです。

コラム

「仕事」という言葉

私自身がまかないでよく作った料理は、野菜をたくさん入れて一日おいた豚汁です。食べる日に長ねぎを刻み入れ、山椒をたっぷりふります。豚の小間切れを入れた野菜炒めもよく作りました。もやし、にんじん、キャベツなどたくさんの野菜と炒め、ぽん酢でさっぱりといただきます。

料理屋でのまかないは、若手の料理人が板場の皆に料理を食べてもらい、腕を磨く練習の場です。料理は何よりも経験が重要。いろんな経験を積み、失敗を繰り返して、自然と覚えていくものです。

15歳でか茂免に就職した私ですが、それから55年、仕事がつらいと思った記憶がほとんどありません。農家で育ったので早起き、立ち仕事は当たり前でしたし、若い頃は三食寝る場所つき、ガスで火が焚け、蛇口をひねればお湯も出る。むしろ職場のほうが恵まれた環境でした。

ただひとつ、苦手だったのがスッポン。私はヘビ、トカゲなどの爬虫類がどうしても苦手です。修行を始めて2、3年たったある日、まな板の上に乗せられたスッポンを前に、手を触れることができず立ちつくしていました。

しかし先輩に「仕事だぞ！」と怒鳴られ、やっと手が動き、手ほどきされながらなんとか一匹解体することができました。「仕事」という言葉はものごとを前に進めるということ、「仕事」と言われれば、どんなに嫌なことでもやらなければいけない、とその時思ったのです。以来、「仕事」という言葉は、物事を前に進めるということだと思い、55年やってきました。

たとえば掃除。調理場はもちろんですが、まず基本はお手洗い。どんなドブでも素手で洗えるくらいの気持ちがなければ、お客様のことを考えた料理など作れません。衛生管理は料理人にとって最も重要な仕事。食材はもちろん、まな板、ふきんなど隅々にまで気を配ります。食品を保存するときは密閉容器で（煮物は煮返すと固くなるのでおいしいのはせいぜい一日です）。

そうやって無事に仕事を終えたあと、お客様が喜んでかけてくださる「おいしかったよ」のひと言はたまらないものです。

秋

収穫の秋は、農家育ちの私にとって最も郷愁を覚える季節です。毎日学校から戻ると、稲刈りや稲穂を束ねるスゲ作りを手伝いました。夕刻になると、味噌汁の香りが家々の窓から漂い、帰り道はいつも足を速めたものです。

私の父は、食べ物にうるさい人で、農家にしては珍しく、朝から肉や魚を食べるのが好きでした。友人が多く、珍味の類なども知り合いからよく分けてもらっていました。

秋といえばきのこ。父と、岐阜に住む戦友の知人宅へ生きた蟹を手みやげに持って行ったことがあります。海沿いで育った私は、このとき

初めて松茸を採らせてもらいました。子供時代に様々な食材に触れたことも、料理人としての糧になったと思います。

◆9月の旬食材　鯛、きはだまぐろ、戻り鰹、秋刀魚、鯖、鰯、秋茄子、椎茸、えのき茸、しめじ茸、松茸、長芋、むかご、ざくろ

◆10月の旬食材　甘海老、小鯛、鰈、鮭、くわい、大和芋、つくね芋、舞茸、なめ茸、銀杏、胡桃《くるみ》、栗、実柚子、つくばね、梨、柿

◆11月の旬食材　真鰯、ほうぼう、河豚《ふぐ》、のど黒、紋甲《もんごう》烏賊《いか》、筋子、すっぽん、かぶ、聖護院かぶ、小松菜、白菜、京人参、林檎

秋会席

酒肴(菊見膳)、

実りの秋は気候もよく、何かを支度《したく》なる季節です。また、酒の「うまい」時季でもありますね。今回は、秋に採れる野、山、海の食材で、酒の肴になる料理をのせました。

松茸のスライスと牛肉を、酒と水半々に醤油と砂糖で味つけた煮汁で煮こんだ旨煮(③)、ほうれん草の茎と皮をむいたデラウェア、食用菊をあわせ、つゆで味つけたおひたし(②)、鮎の子を一週間塩漬けにしたうるか(⑥)、砂糖を混ぜ酒でのばした西京味噌に3日間漬けた筋子(⑧)。茹でたうずら卵に、ペースト状にしたうにを塗って焼いた玉子のうに焼きは、本物の柿のように見えて面白いでしょう。塩昆布をヘタに見立て、おしりには黒胡麻をつけています(⑦)。

背景の飾りは稲架《はざ》掛けといいます。今ではだんだん見かけなくなりましたが、農家では刈り取った稲をこうして天日で乾燥し、熟成させたものでした。懐かしい田舎の秋の風景です。

①鯖の糠味噌焚き
②カキノモト(菊花)ぶどう入り軸ほうれん草したし
③松茸牛肉旨煮
④梅わさ
⑤海老とアボカドのトマトソース仕立て
⑥鮎うるか
⑦柿玉子うに焼
⑧筋子の西京漬
⑨百合根と銀杏の塩きんとん

③	②	①
⑥	⑤	④
⑨	⑧	⑦

酒肴、

百合根と銀杏の塩きんとん

味つけた銀杏と、やわらかくのばした百合根をあわせた塩味のきんとんです。

【材料】（4人分）

ぎんなん（むき）…20個
百合根……………50ｇ（½個）
だし汁……………10㎖
塩　………………ひとつまみ
煮汁
　だし汁…………１００㎖
　砂糖……………小さじ１
　白しょうゆ……小さじ１

【作り方】

① ぎんなんはたっぷりの水で、30分ほど弱火でコトコト茹でて、やわらかくします。

② 別の鍋に煮汁の調味料と水を切った①のぎんなんを入れ、煮汁がなくなるまで煮ます。火を止め、常温まで冷まします。

銀杏の薄皮は、湯の中で、穴あきお玉で押しつぶすようにすると（意外とつぶれにくいので力を入れても大丈夫）、あらかた取ることができます

③ 百合根はやわらかく茹で、ザルにあげます。熱いうちに裏ごしし、塩で味つけて、だし汁でやわらかくのばします。

④ ②のぎんなんの水分を拭き取って混ぜます。まだ固いようなら、②の煮汁でのばしましょう。

梅わさ

古くから伝わる酒の肴。燗をつけている合間で十分できる、しごく簡単な一品です。

【材料】（4人分）

梅干し…………………大粒３個
かつお削り節…………ひとつかみ
生わさび………………５ｇ
焼き海苔（全型）………½枚

海苔は手でバリバリちぎったものをクッキングペーパーに包んでもみます

【作り方】

① 梅干しはお好みの種類でけっこうですが、店ではしそ漬けの梅干し（塩分15％）を使用しています。このくらい塩辛いものは、３００㎖の水に一晩漬けて、塩抜きしておきます。

② 梅干しの水分を軽く取り、裏ごしするか、包丁で軽くたたいて細かくします。

③ 焼き海苔は細かくしてもみ海苔にします。

④ かつお節と②③をあわせます。わさびは香りや辛さが抜けやすいので、食べる直前におろし、混ぜましょう。保存は密閉容器で冷蔵庫に。2、3日おいしくいただけます。

※ 市販の練りわさびは生よりも辛いので、量を調節してください。

海老とアボカドのトマトソース仕立て

簡単で見映えのよいおもてなしの逸品。パーティーの前菜におすすめです。

【材料】（4人分）

小えび……………4本
アボカド…………¼個
チェダーチーズ…12g
トマトソース
　トマトケチャップ……………大さじ1
　レモン汁……⅛個分

【作り方】

① えびは背わたを竹串などで取ります。
② 鍋に湯を沸かし、塩をひとつまみ入れて、①を茹でます。冷まして皮をむきます。
③ アボカドとチーズをさいの目切りにします。
④ 器に②③を盛り、ケチャップとレモン汁をあわせたソースをかけます。

えびの頭をとると、背わたが見えます。手でも引き抜けます

鯖の糠味噌焚き

ぬか漬けで余ったぬか味噌を活用できる、鯖のみそ煮です。ごはんのお供にも、酒の肴にも。

【材料】（4人分）

さば（生）……三枚おろしの片身
調味料
　酒………………100㎖
　水………………200㎖
　砂糖……………大さじ3
　しょうゆ………大さじ2
　たまりじょうゆ…小さじ2
　赤トウガラシ……2本
ぬかみそ…………60g

【作り方】

① さばは三枚おろしにします。
② ①を縦に三ツ割にし、四角に切ります。
③ ②のさばを霜降りします。鍋に湯を沸かし、ザルに入れた②をつけ、箸で2、3度かき回したら冷水にとります。
④ 調味料を鍋にあわせて火にかけ、沸いたら③を入れます。アクを取りながら中火で15分ほど煮ます。
⑤ さばに味がついたら弱火にし、ぬかみそを少しずつ加えます。焦がさないように鍋を動かしながら、煮つめます。

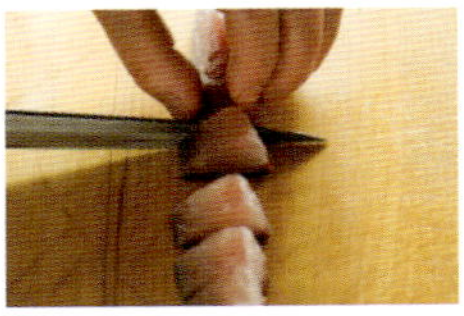

さばは写真のように一口大に切ります。ぬかみそを入れるとドロドロになるので、まずは他の調味料で味をつけます

吸物

作法椀

具だくさん、野菜たっぷりの汁物です。葛で少しとろみをつけています。

夏のトマトスープ同様、野菜を旬のものに変えれば一年中楽しむことができますね。秋は他に、しめじやなめこなどのきのこ、冬は大根、春にはウドや筍などがよろしいでしょう。

鶏肉はやはり名古屋コーチンが、良いだしが出るのでおすすめです。豚の脂身が手に入らなければ、脂の多いバラ肉やベーコンでも代用できます。

【材料】（4人分）

だし汁	1,000㎖
豚脂身	30g
鶏もも肉	50g
かに身（茹でたもの）	30g
きす	20g
しいたけ	2枚
もやし	50g
にんじん	4㎝
長ねぎ	1/5本
三つ葉	適量
サラダ油	小さじ2
調味料	
白しょうゆ	小さじ5
薄口しょうゆ	大さじ1
煮切りみりん	小さじ4
塩	ふたつまみ
吉野葛（または片栗粉）	大さじ1 1/2
こしょう	適量

このひと手間

【吉野葛（片栗粉）の使い方】

ご家庭では片栗粉でかまいません。前の晩に、同じくらいの容量（ここでは15㎖）の水に溶き、沈殿させておきます。アクを含んだ上澄みを捨て、新たに水を加え溶かしたものをとろみづけに使用します。

ダマができないように気をつけます

【作り方】

① 豚の脂身は薄くスライスした後、千切りにし、塩（分量外）をふたつまみ振って15分ほどおきます。霜降りしておきましょう（沸騰した湯に入れてほぐし、さっとザルにあげ冷水にとります）。

② きすは3枚におろし、斜めに笹切りして、①と同様に霜降りします。

③ 鶏肉は細かく切り、かに身はほぐします。もやしは芽と根を取ります。しいたけとにんじんは、いずれも長さ4㎝、マッチ棒くらいの太さに細切り。にんじんは軽く茹でておきます。

④ ③の鶏肉をサラダ油で炒めます。色がついたら、しいたけ、もやし、にんじんを入れてさらに少し炒め、だし汁を加えます。

⑤ ④が沸騰する手前で火を弱め、かに身と①②を入れます。調味料を入れ、おいしい味にととのえましょう。吉野葛で少しとろみをつけたら、細かく刻んだねぎと三つ葉を入れ、お椀に張り、香りにこしょうをふります。

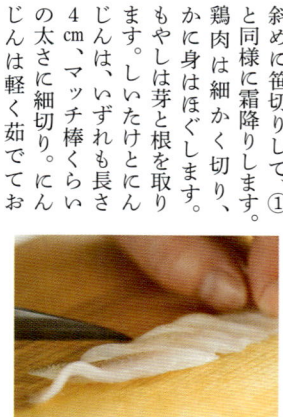

脂身はお肉屋さんでスライスしてもらっておくとよいでしょう

②のきすは、他の具材と同様の長さに切ります

造り

季節のお造り　揚げ野菜昆布和え

季節の魚・オコゼと鯛、車海老のお造りに、醤油のかわりとして塩昆布と和えた揚げ野菜を。刺身にのせて、もしくは巻いていただきます。これだけでも酒の肴になりますから、お持ち帰りされるお客様もよくいらっしゃいます。

野菜はすぐに焦げてしまうので、低温のきれいな油で揚げることが肝心です。塩昆布は細切りで売られているものより、大きいものを刻んで使ったほうが、味がよく仕上がります。

【材料】（4人分）

揚げ野菜昆布和え

さやえんどう……12枚
ごぼう……$\frac{1}{5}$本
にんじん……$\frac{1}{4}$本
塩……少々
塩昆布……20g

【作り方】

① さやえんどうは前日から干しておきます。他の野菜より少し大きめの千切りにし、ザルに入れ、水で洗って種をふるい落とします。竹ザルなどに入れて、1日干します。

風通しのよい日陰の場所に置いておきます（左が干した状態）

野菜は揚げると$\frac{1}{2}$〜$\frac{1}{3}$の太さに縮みます

② ごぼうとにんじんは長さ2㎝の細い千切りにして、低温でゆっくり揚げます。干したさやえんどうは他の野菜とは別に、同じく低温で揚げます。

③ ②の油をキッチンペーパーで、何枚か取り替えてしっかり取ります。

にんじんを油に入れたところ。最初はジュワーッと泡が立ちます。この泡が出なくなるまで揚げます

④ 塩昆布は、野菜と同じ、2㎝の細い千切りにします。

⑤ ボウルに③を入れ、塩少々をふり、野菜が折れないように静かに混ぜます。④の塩昆布を混ぜ、小皿に盛ります。揚げさやえんどうを上に色よく飾りつけましょう。

にんじんの色をきれいに残すには、じっくり低温を心がけましょう

※ 保存する場合は、乾燥剤を入れておくとよいでしょう。

焼物

秋刀魚の塩焼き わたソース

秋刀魚はその字が表すように、秋の魚の代表格ですね。あまりに大衆的な魚であるゆえ、会席にはあまり使われないのですが、私としては、この脂の乗ったおいしい魚を使わない手はないと思います。

今回は「和」の定番魚料理を、少し洋風に。秋刀魚は苦みのある内臓が特においしいので、内臓を中心にちょっと手間をかけ私なりに秋刀魚のいいところを引き出してみました。ご家庭で筒切りを焼くのが難しければ、三枚おろしにし、中骨でスープをとるという方法もあります。

このひと手間

【さんまの背割り】　切る手順

お客様から見えない背側に切り目を入れます。

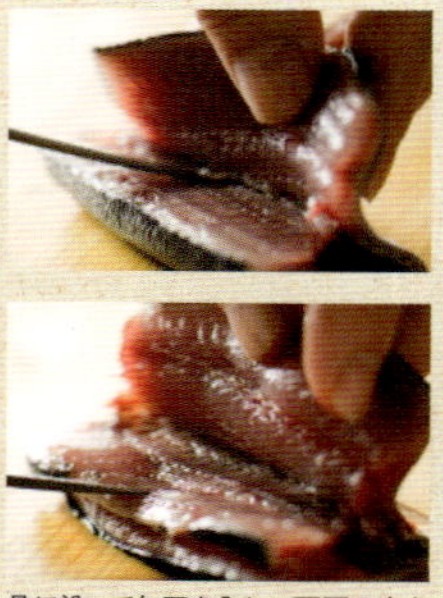

骨に沿って包丁を入れ、両面の身を骨からはずします

【材料】（4人分）

さんま……4尾
だし汁……400㎖
サラダ油……大さじ2
バター……10g
味つけ
「塩……適量
「溶かしバター……15g

【作り方】

① さんまには少しウロコがついていますので、まずこれを包丁で取りましょう。頭を落とし、腹を割って内臓を抜き取り、腹の中をよく洗います。内臓はボウルに取っておきます。

② ①のさんまの、中央のいい所8～10㎝くらいを切り出します（残り部分はソース用に取っておきます）。背割りして、軽く下塩します。

③ ②のさんまを焼きます。焼けたら、中骨と腹骨を背割りした切り目からはずします。

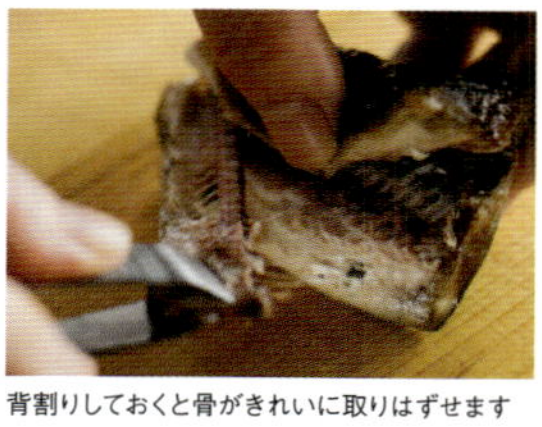

背割りしておくと骨がきれいに取りはずせます

わたソース

① だし汁を鍋に入れ、火にかけます。

② さんまの残り部分をサラダ油で炒めます。焼き目がついたら、①に入れ、汁が半分くらいになるまで煮つめます。

③ フライパンにバターを溶かし、さんまの内臓を炒めます。火が通ったら、すり鉢ですり、②の汁で少しずつのばします。塩と溶かしバターで味を調整してください。

④ 温め、さんまの塩焼きにかけるか、小猪口に入れて添えます。

焚合

栗の旨煮と鮭の柚庵漬焼 菊菜の煮浸し添え

栗も、秋の料理になくてはならない食材です。いろいろな料理がありますが、今回は砂糖を控え、生の栗をやわらかく煮てみました。堅い鬼皮の下にさらに渋皮と、むくのが大変ですが、季節の味ですのでぜひお試しください。よく切れる包丁で一気にむくのがコツです。栗は、さわった時にふかふかしていない、堅く実のつまったものを選びましょう。

甘辛いつゆに漬けて焼いた鮭に菊菜も添えて、秋づくしの盛り合わせです。

【材料】（4人分）

新栗旨煮

新栗（大）……16個
だし汁……300㎖
調味料
- 砂糖……大さじ3
- みりん……大さじ2
- 白しょうゆ……大さじ1
- しょうゆ……色づけに少量

鮭柚庵漬焼

新生鮭……100g
調味料
- 煮切りみりん……100㎖
- 薄口しょうゆ……35㎖
- 柚子……輪切り2枚

菊菜煮びたし

菊菜……1束
つゆ
- だし汁……200㎖
- 煮切りみりん……小さじ2
- 薄口しょうゆ……大さじ1

【作り方】

新栗旨煮

① 栗は鬼皮と渋皮をむき、水に30分さらします。
② 鍋に湯を沸かし、①を入れ、30分ほどコトコト煮てやわらかくします。8分目くらいのやわらかさになったら、ザルにあげます。
③ 栗が割れないよう、別の鍋にそっと入れ、だし汁と調味料を入れて中〜弱火で15分ほど煮ます。煮汁が$1/3$ほどになったら、火を止めます。

串が刺せる固さにまでやわらかくします

鮭柚庵漬焼

調味料をボウルに合わせ、一口大に切った鮭を3時間ほど漬けこみ、焼きます。

菊菜煮びたし

① 菊菜は洗い、塩を少し入れて茹でます。冷水に10分ほどさらし、軽くしぼって4㎝くらいの長さに切ります。
② つゆの材料を鍋にあわせ、①を入れ、ひと煮立ちしたら火を止め、器に盛った栗と鮭に添えます。

このひと手間

【調味料は食材がやわらかくなってから】

最近のレシピ本では、生の食材を、最初からすべての調味料をあわせた煮汁で煮てしまう、というのが多いようですね。しかし、塩分や糖分が入っていると、素材をやわらかくするのに余計な時間がかかります。料理人は具材を水で8割くらいのやわらかさに煮てから、味をつけるのが基本です。そもそも、素材が固いうちは味が中に入っていきません。

食材をやわらかく加熱した鍋にはアクなどがついていますから、味つけする前に鍋を変えるか、一度鍋を洗いましょう。

代り鉢、

牛肉大和焼と秋野菜の盛りあわせ

旬の新鮮な素材は、塩味で食べるのが一番だと思います。牛肉はしょうゆに漬けるだけのシンプルな大和焼で。つけあわせもさっぱりと、あまり手をかけずに仕上げましょう。

舞茸は塩をふって金網で焼くか、茹でてザルに上げ、さっと塩をふります。間引人参は、人参の若い芽。食材に使うのは珍しいでしょう。私の田舎では、種をばら蒔いて人参を作っていましたので、余分な若芽を手で間引き、家のおかずに使っていました。だし汁と醤油、控えめの砂糖で和えて、かつお節とからめてもおいしくいただけます。

茹でてアク抜きしたふきの葉も同じように使えますので、手に入ったらぜひお試しください。

【材料】（4人分）

牛肉の大和焼

- 牛肉（サーロイン）（厚さ4cmほど）……300g
- しょうゆ……50㎖
- 粒マスタード……お好みで

南瓜のバター焼

- かぼちゃ……320g
- バター……5g
- 塩……少々
- こしょう……少々

間引人参の葉のごま和え

- にんじんの若芽……80g
- 白ごま……25g
- 調味料
  - 砂糖……大さじ1½
  - しょうゆ……小さじ2
  - だし汁……大さじ1

【作り方】

牛肉の大和焼

① バットにしょうゆを入れ、牛肉のかたまりを8時間ほど漬けこみます。途中2、3度返し、両面に味をしみこませます。

② 炭火またはフライパンで蓋をして、弱火でゆっくり焼きます。焼き加減は肉汁が出るくらいの、レアがおすすめです。食べやすい大きさに切って、野菜を添えます。

南瓜のバター焼

① かぼちゃは厚さ1cm、長さ5cmほどに切り、皮を薄くむいて、中温の油で揚げます。

② フライパンを火にかけ、①の揚げたかぼちゃを入れ、バターを加えて炒めます。塩・こしょうで味をつけます。

間引人参のごま和え

① にんじんの若芽を沸いた湯に入れ、再び沸騰したらザルにあげ、食べやすい大きさに切ります。軽くしぼっておきましょう。

② 白ごまをフライパンで炒ります。少し別皿に残して、すり鉢で半ずりします。

③ ②に調味料を加えた衣で、①をあえます。食べる直前に②で残した炒りごまを混ぜます。

このひと手間

【シンプルな焼き物は弱火でじっくり！】

牛肉は焦がさないように弱火で時間をかけて焼きます

かぼちゃと舞茸は同時に焼いてもOK。弱火でじっくりが原則です

強肴

飛竜頭揚げ

先代から教わった、東京の職人の料理です。「ひりょうず」というと、豆腐に具材を混ぜ込んで揚げたものが一般的ですが、これは秋が旬の、少しほろ苦いくわいを土台にしたもの。どちらかと言えば、かき揚げにイメージが近いかもしれませんね。

大きな芽が出ることから「めでたい」と、お正月野菜に使われるくわいですが、こうして揚げ衣に使うのもおいしいものです。

大根おろしをたっぷり入れたつゆで、さっぱり召し上がってください。

【材料】（4人分）

衣
- くわい……120g（6、7個）
- 水……70mℓ
- 小麦粉（薄力粉）……10g

甘鯛……50g
小えび……4本
じゃがいも（中）……¼個
食パン（8枚切り）……⅕枚
三つ葉……⅕束
卵黄……½個

煮おろしつゆ
- だし汁……500mℓ
- 薄口しょうゆ……40mℓ
- みりん……40mℓ
- 大根……⅓本

【作り方】

① くわいは皮をむき、おろします。

② 小えびは皮をむき、背わたを取ってから半分に、鯛は8等分の小さな四角に切ります。

③ じゃがいもと食パンは1cm角・長さ3cmくらいの拍子木に切り、じゃがいもは茹でておきます。三つ葉は長さ3cmくらいに切ります。

①くわいは皮をむいておろし金でおろします

④ ②③の具材（食パンは卵黄にひたす）をボウルにあわせ、小麦粉（分量外）を薄くまぶします。

③食パンとじゃがいもは同じ大きさに。食パンはつなぎの役割として入れます

⑤衣と具材をさっくりと混ぜ合せます

⑤ ①のくわいと衣の他の材料、④でパンにひたした卵黄の残りを混ぜ、④のボウルに入れてさっくり混ぜ合わせます。

⑥ ⑤を4等分し、58ページのかき揚げの要領で、中温の油で揚げます。

混ぜあわせた生地をおたまで丸くし、油に入れます

油に入れて2、3分、泡が出なくなりキツネ色に色づくまで揚げます

⑦ 鍋にだし汁と調味料を入れ、火にかけ、沸騰したら弱火にして、おろした大根を入れます。これを熱々に温めて、⑥にたっぷりかけます。

留

いくら御飯
秋茄子の赤だし
香の物添え

食べ物の好き嫌いは最初に食べた経験に左右されます。いくらが嫌いという方は大概、冷凍や瓶詰めの油臭いものや、生臭いものを口にしてしまっていますね。それでも、思い切って新鮮な生のいくらを食べてみたら、おいしかったと言うことがよくあります。ぜひ一度、ご自分で漬けたいくらを味わってみてください。

この季節には、新米で食べたいですね。新米は水を少し控えて炊きましょう。

いくらご飯に卵黄を入れるのもまた格別です。お試しください。

【材料】（4人分）

いくら御飯

筋子……………………450g
酒………………………大さじ1
味つけ調味料
［しょうゆ………小さじ4
　薄口しょうゆ……小さじ2
　煮切りみりん……小さじ2

秋茄子の赤だし

茄子……………………1本
（180gくらいのもの）
だし汁…………………800mℓ
みそ
［八丁みそ…………40g
　信州みそ…………25g
とき辛子………………少々
（みそ汁で軽くのばした辛子）
切りごま………………少々

このひと手間

水洗いした後のいくらに、酒をふりかけると、水っぽさと臭みが取れます。

にごりがなくなるまできれいに洗ってから酒をふりましょう

【作り方】

いくら御飯

① ボウルに筋子を入れ、手でもみ洗いしながら、筋から卵をはずします。卵は意外とつぶれにくいので、しっかりもみましょう。

② ①を水につけ、上澄みを捨てます。手でかき混ぜ、水を入れ、また上の方を捨てます。

この作業を何度か繰り返しきれいに洗ったら、ザルにあげ、10分ほど置いて水を切ります。さらに酒をふりかけてよく混ぜ、ザルにあげて1時間ほど置きます。

③ 味つけ調味料を入れて混ぜ2時間漬けておきます。

④ 米は1時間前にといでザルにあげておきます。塩と酒でほんのり味をつけて、炊きます。

⑤ いくらを温かい白ごはんの上にのせます。お好みでしょうゆを少し垂らして。

筋子の量が多いときはお湯を使うと、熱でふくろが縮み、はがれやすくなります

秋茄子の赤だし

① 茄子は焼き、温かいうちに皮をむいて、食べやすい大きさに切ります。

② 鍋にだし汁を入れ、火にかけます。みそを入れ、泡立て器でとき、味を見ます。仕上がりにひとつかみかつお節を入れて追い鰹すると、おいしさが増します。店では、漉《こ》して口当たりをよくします。

③ ①を椀に入れ、沸く一歩手前まで加熱した②を張ります。とき辛子と切り胡麻をお好みで。

香の物

白菜の甘酢漬け、きゅうりのぬか漬け、野沢菜漬け、あきむらさきの柴漬け、紅大根

水物、

ざくろ生ジュース
紫芋のアイスクリーム

トルコへ旅行に行った時、露天でしぼりたてのざくろを売る屋台を見かけました。それがとてもおいしかったので、店でもジューサーを購入し、生ジュースを出しています。ざくろひとつで100㎖ほどしかとれませんので、ちょっと贅沢ですね。特有の渋みが気になる方は、レモンをしぼってみてください。

紫芋のアイスクリームは、やき芋にバターをのせたような風味に仕上がりました。

【材料】（4人分）

紫芋のアイス

紫芋（2本くらい）……450g

A
- 牛乳……350㎖
- 生クリーム……130㎖
- 水あめ……60g
- グラニュー糖……100g

【作り方】

紫芋のアイス

① 紫芋は1.5㎝くらいの厚さに切り、蒸して皮をむき、裏ごしします。

② Aの材料を鍋に入れ、沸騰したら火を止めます。

③ ①を入れたボウルに②を少しずつ加え、やわらかくのばします。

④ アイスクリーマーに15～20分かけてアイスクリームにします。（アイスクリーマーがなければ、昔のように、塩を入れた氷につけてひたすらかき回すという手段もあります）

秋
単品

秋 単品

松茸と牛肉のすき煮

秋を代表する食材といえば、やはり松茸は外せません。舞茸やしめじなど他のきのこでもおいしくできますが、松茸が手に入ればぜひ、お試しください。

【材料】（4人分）

松茸（ひらき）……200g
牛肉（すき焼き用）……200g
煮汁
　酒……100㎖
　水……100㎖
　しょうゆ……大さじ2
　砂糖……大さじ3
レタス……3枚
ミニトマト……8個

【作り方】

① 松茸は石づきを取り、表面を洗って、水分を拭き取ります。薄くスライスします。
② 牛肉も食べやすい大きさに切ります。
③ 鍋に煮汁の材料を入れ、沸いてきたら①②を入れます。沸騰し、大体火が通ったら、煮汁をからめて火を止めます。器に盛り、つけあわせの野菜を添えます。

※ レタスは短冊切りし、冷水につけた後、ザルにとって水切りしておきます。ミニトマトは沸騰した湯にさっとつけ、冷水にとって皮をむき、塩を少しふっておきます。

砂や汚れを柔らかい布などでそっとふき取ります。強くこすると香りが飛んでしまうのでほどほどに

柚子味噌焼

和風のグラタンのような料理です。玉子の素はマヨネーズで代用できます。具もお好きなものでアレンジしてみてください。長芋やエリンギなどのきのこもよいでしょう。

柚子は、皮の黄色い部分を香りづけに使いますが、果肉はしぼって酢の物などに使えますので、無駄になさらないでください。

【材料】（4人分）

ほたて貝(身)……4個
えび(芝えびなど)……4本
里芋……4個
ブロッコリー……40g(1/4株)
A
　西京みそ……150g
　砂糖……大さじ2
　酒……小さじ4
　水……小さじ4
玉子の素
　卵黄……2個
　サラダ油……50㎖
　塩……少々
バター……8g
柚子皮……適量

① えびは皮をむき、ほたて貝とともに沸いた湯にくぐらせ、冷水にとります。
② 里芋も皮をむき、茹でておきます。(茹で方は52ページ参照)
③ ブロッコリーは少し固さを残して茹で、冷まします。
④ Aを鍋に入れ、ヘラで混ぜながら火にかけて、練り味噌をつくります。
⑤ ボウルに卵黄を入れ、サラダ油を少しずつ入れながら泡立て器で混ぜて、マヨネーズ状の「玉子の素」(54ページ参照)にします。
⑥ ⑤に④の練り味噌を混ぜます。
⑦ 耐熱皿に①～③の具を入れ、⑥の味噌を上からかけます。バターをのせ、200℃のオーブンで15分ほど、上に焼き目がつくまで焼きます。
⑧ 焼き上がったら、おろした柚子の皮を香りづけに。

味噌は具材の色が見えるように、表面は薄く周りにはたっぷりかけて

豆腐と葱の醤油炒め

短時間でできるおいしいおかずです。

以前、テレビ番組でも紹介したことがあります。料理人考案の、誰でも作れる時短メニューを競うものだったのですが、めでたく勝利しましたよ。温かいごはんにのせて、どんぶりにしてもおいしいです。

【材料】（４人分）

木綿豆腐	１丁
長ねぎ	４本
しょうゆ	小さじ５
サラダ油	大さじ１
一味唐辛子	適量

【作り方】

① 長ねぎは厚さ1.5cmくらいに笹切りします。

② フライパンを火にかけ、多めのサラダ油をひきます。豆腐を、手でもんで形を崩しながら入れ、強火で手早く炒めます。豆腐の汁気がおいしいので、水分は飛ばしすぎないように。

火力が弱いと豆腐からの汁が出過ぎて水っぽくなるので、強火で炒めます

③ 火が通ったら、葱を入れて混ぜあわせ、しょうゆで味をつけます。一味を少々ふり入れ、火を止めます。

コロッケ

家庭料理の代表格を私流に。定番料理も器を趣のあるものに変えるとおもてなしの品になりますね。

店で使っているごまサラダ油はしつこさがなく、おいしさに一役買っています。

【材料】（4人分）

- じゃがいも……………3個
- 合い挽き肉…………100g
- 玉ねぎ………………1個
- サラダ油……………少々
- バター………………20g
- 生クリーム…………小さじ2
- 砂糖…………………大さじ1
- 塩・こしょう………各小さじ1
- パン粉………………適量
- 卵……………………2個
- 小麦粉（薄力粉）……適量

【作り方】

①じゃがいもは竹串がスーッと通る固さまで蒸します。

②フライパンにサラダ油をひき、合い挽き肉をよく炒めます。みじん切りにしたたまねぎを入れ、炒めて塩・こしょうをふります。最後にバターを入れ、からめたところで火を止めます。

③①のじゃがいもの皮を取り、7割ほどつぶしたら、②を混ぜます。生クリームを入れて混ぜ、塩・砂糖を入れて味をととのえます。

④形を丸くととのえ、冷蔵庫で数時間寝かせます。

⑤小麦粉ととき卵をつけ、パン粉をまぶします。中温の揚げ油でカラリと揚げます。

このひと手間

冷蔵庫で寝かせると、味がまろやかになります。パン粉もつけやすくなりますよ。

いかの塩辛　柚子入り

塩分が強い市販の塩辛よりも食べやすいはず。か茂免はご年配のお客様が多いので、いかの足は抜いてしまいますが、もちろん塩辛に入れても構いません。足をさっと茹でて、しょうが醤油でいただくのもおいしいですよ。

【材料】（おいしく作れる量）
するめいか(生)…4はい
塩……………50g
柚子…………適量

【作り方】

① いかはさっと洗い、背側の真ん中に、内蔵を切らないように気をつけながら、縦に包丁を入れます。肝臓を取り出し、足から切り離します。

魚屋さんで上になっている、口(ろうと)のない方が背です

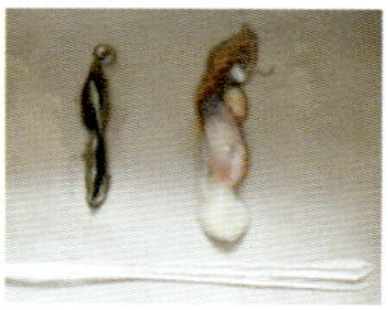

イカの内蔵の大部分が肝臓(右)。沿ってついている墨袋と直腸(左)は除去します

② 塩50ｇを袋のままの肝臓にまぶし、ザルにのせて一晩置きます。

③ 身の部分は洗い、水分をよく拭き取り、皮をむきます。縦に4等分に切り、短冊切りにします。塩をひとつまみふり、一晩寝かせます。

④ ②の肝臓を水で洗い、水分を拭き取ります。肝臓の袋から中身を押し出し、裏ごしします。

⑤ ③の短冊も、水分をよく取ります。ボウルで④と混ぜあわせ、塩(分量外)でちょうどいい辛さの9割くらいに味をととのえます。口が広めの、密閉できる保存容器に入れ、冷蔵庫で発酵させます。

⑥ 1日一度は箸で混ぜて、空気を入れます。残りの塩は2日目以降に入れて。5日目くらいからが食べ頃です。食べる直前におろした柚子をお好みで。

※ 塩分薄めなので、10日以内で食べきってください。

②イカの鮮度が気になる場合は、冷凍するとよいでしょう

③いか4はいからとれる約400ｇの短冊に、塩3ｇをふります

④強塩して水気をとった肝臓は濃厚な味わいになっています

くわい煎餅と銀杏の翡翠《ひすい》揚げ

旬のくわいを薄く切って揚げたくわい煎餅《せんべい》は、この季節に格好の酒のつまみです。カリッと揚げて、丁寧に油を取りましょう。くわいの代わりにじゃがいもやさつまいもでも楽しめます。

【材料】（4人分）

くわい（大）………10個
ぎんなん…………20個
塩…………………適量

【作り方】

① くわいは皮をむき、薄く輪切りして水で洗い、水分を布でよく拭き取ります。店ではさらにザルに並べて40分ほど干します。
② ぎんなんは殻を割り、薄皮を取っておきます。
③ 油とり紙（わら半紙）2、3枚を3、4㎝角くらいにちぎり、ボウルに入れておきます。
④ 揚げ油を弱めの火にかけ、①を1枚1枚入れて、上下何度も返し、泡が出なくなるまで10分ほど揚げます。
⑤ ④を③のボウルに入れ、紙と混ぜあわせて油を取ります。しっかり油が取れたら、紙を取り出し、塩少々で味つけします。
⑥ ②のぎんなんはくわいより高めの低温でゆっくり揚げ、塩をふります。

油とりにはキッチンペーパーや紙ナプキンも使えます

きつね色に色づくまで揚げます

このひと手間

ぎんなんは、旬の9月から10月初めですと、ちょうど翡翠のような緑色をしているのですが、今回の撮影は11月。黄色く色づいてしまいました。そこで六角形に切って、宝石の形を表現しています。

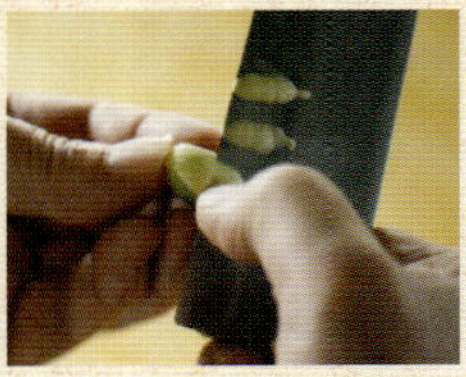

大学芋

私は田舎の農家育ちです。雨が降って休みになると、母が大きなさつまいもを出してきて、ザクザクとおおざっぱに切り、大きな油鍋でカリッと揚げてくれました。これを熱いうちにパクリとひと口。甘いものがなかった時代、とてもおいしかったものです。

揚げ芋にさらに蜜をからめ、大きめの皿に盛って、炒った黒ごまを大胆に上から降りかける―この熱々の大学芋を手づかみで口にほおばった、甘くておいしい思い出を、自己流で再現してみました。

【材料】（4人分）

さつまいも……600g（3本くらい）

A
- 黒砂糖……30g
- 白砂糖……30g
- はちみつ…小さじ2
- 水あめ……小さじ2
- 水…………50ml
- しょうゆ…小さじ1
- 塩…………ひとつまみ

黒ごま………大さじ1

【作り方】

① さつまいもは洗って水分を拭き取り、皮はむかずに乱切りします。Aの調味料を鍋にあわせておきます。

② さつまいもを高温の揚げ油でカリッと揚げます。

③ Aの入った鍋を火にかけ、木べらで混ぜて砂糖などを溶かしながら熱します。30秒ほどふつふつさせたら、②の芋を入れ、よくからめます。炒った黒ごまをかけ、火を止めます。

コラム

三河の地に生まれて

川に恵まれ、海にも面した三河地方は川・海・野・山すべての食材に恵まれた土地です。味噌、醤油、酢、酒…どれもつくっている調味料の産地でもあります。豊かな土地の農家で育ち、小さな頃からさまざまな食材のつくり方を見てきたことは、料理人としての強みになりました。

子どもの頃は、三河特産のにんじんで作るにんじんごはんも大好きでした。鶏肉と人参を鍋で煮て、炊きたてのごはんに混ぜて食べます。鶏肉は、庭で飼っていた鶏を父親がしめた新鮮なもので、よい歯ごたえでした。昨今は、やわらかい肉がよしとされますが、鶏肉は本来、噛みしめたときに溢れる旨味がよいものです。

それから、自家製の味噌で作る、里芋と油揚げの味噌汁。生から汁の中でやわらかくする里芋のとろみが最高でした。

家で育てていたしょうがもよく食べました。しょうがだけを甘辛く焚いたのも、懐かしいおかずのひとつです。

私が若い頃は、わさびがまだあまり流通しておらず、刺身にはしょうがを添えていました。しょうがでいただく刺身もおいしいものです。

そして刺身にはたまり醤油が主流でした。色が濃く辛そうに見えてしまうことから、次第と薄い醤油が好まれるようになりましたが、旨味が強いのはたまり醤油。勿体ないと感じてしまうこともあります。

愛知県には活きた酵母の入った、白醤油という素晴らしい醤油もありますね。薄口醤油よりさらに淡く独特の上品な風味があって、素材を活かしたい料理に役立ちます。八丁味噌は、一度水に溶いて沈殿させ、上澄みにかつお節を加え濾《こ》すと、品の良いすまし汁になります。様々な調味料を使ってみることで、料理の幅も広がります。

甘みの強い九州の醤油は煮物に、土佐の醤油は刺身に合うなどそれぞれの土地に特徴があります。料理はなにより地元の旬の食材を使うのが一番。ぜひ身のまわりの良いものを活用してください。

冬

おせち作りや忘・新年会で、店が最も忙しい季節です。名物のすっぽんも、冬眠前で脂が乗る時期。そのスープで作る雑炊は絶品です。

冬は、鴨や河豚《ふぐ》もおいしいですね。野菜も甘みをたっぷりと蓄えています。葱は炭火で軽く焼くだけで、中の白い部分の、とろりとした甘さが楽しめますし、大根おろしも本当にうまい。菜の類も冬が旬です。

木の葉が散り外の景色は寂しくなりますが、実は豊かな季節です。か茂免の庭の景色も、雪が降り積もる日は一年で一番美しいかもしれません。自分が生まれた季節でもあり、

冬は私が最も好きな季節です。

◆12月の旬食材　あんこう、鰤《ぶり》、まながつお、鱈《たら》、烏賊《いか》、ずわい蟹、このわた、からすみ、葱、大根、水菜、小松菜、黄柚子、橙《だいだい》

◆1月の旬食材　鰆、公魚《わかさぎ》、越前蟹、牡蛎《かき》、このしろ、鴨、青首大根、京人参、芥子菜、壬生菜《みぶな》、春菊、ほうれん草、干柿、三宝柑

◆2月の旬食材　むつ、寒しじみ、あさり、あおさ、鶏、うぐいす菜、百合根、独活《うど》、浅葱《あさつき》、分葱《わけぎ》、絹さや、ふきのとう、菜の花、みかん

冬会席

前菜
雀鯛寿司（冨士）生姜、
鴨松風焼（鷹）羽根付
小茄子辛漬（辛子漬）
出世太鼓・柱このわた和え・柚子・唐すみ小判大根
鶴珍味入・なます・葉ぼたん

吸物 みぞれ椀・新筍
胡瓜・大根・京人参・水仙寺のり
海月・カニ身

造り 鰤花みる貝・木の芽
白魚黄身揚・花かぶら・梅人参
平目昆布〆
白髪大根

焼物 鰆西京漬・他
松葉野菜・すだち・矢生姜

蒸物 牛肉重む
里芋・人参・小玉葱・原木椎茸・芽キャベツ
香り胡椒

揚物 手羽えび揚志ん女
りんごチーズサンド・白菜
甘酢漬

強肴 公魚正油干
菜の花ゴマじょう油和え

留 青のり雑炊・香の物 わさび

水物 三宝柑（釜）ゼリーよせ
アンポ柿アイス入り他、季節の果物入り

前菜

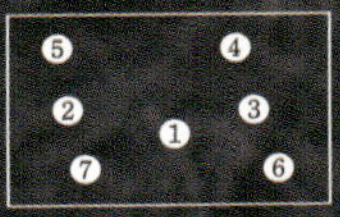

①雀鯛寿司
②鴨の松風焼
③葉ぼたん
④なます
⑤小柱のこのわた和え
⑥小茄子辛子漬け
⑦新からすみ

一年の慶(計)は元旦にあり。私の生まれも昭和十八年の一月一日。朝の六時頃に誕生したことを、正月になると兄がよく話して聞かせてくれます。

前菜も、正月にちなんでめでたく盛りました。初日の出を模した朱の木杯を背景に一、富士(雀鯛寿司①)二、鷹(松風焼②)三、茄子び(小茄子辛漬け⑥)の祝い盛りです。芽キャベツには海老肉をはさみ、正月飾りの葉ぼたんに見立てました(③)。

このわた(⑤)と新からすみ(⑦)は東海三県の食材から作られる酒の肴。三河生まれの私は、子供の頃からこの地方でできる日本三大珍味のひとつ、このわたが大好きでした。父も私もお酒が飲めないのですが…。からすみは、民宿を営む知人が、その時期だけ休業して作っているものを取り寄せています。新物はやわらかく一層おいしいものですよ。青首大根とあわせていただきます。

前菜

雀鯛寿司

小さな鯛の白い腹を富士山頂の雪に見立てた、押し寿司です。

【材料】（4人分）

すずめだい……………2尾
塩……………ひとつまみ
酢……………大さじ2
砂糖……………大さじ1
すし飯……………適量
青のり粉
大根（押し寿司の型に使用）

【作り方】

①雀鯛は3枚におろし、腹骨と中骨を取って、塩を薄くふります。30分ほど置いたら水で洗い、水分を拭き取って、砂糖を混ぜた酢に40分漬けます。

②大根を2㎝の厚さの輪切りにし、包丁で上の幅2㎝、下の幅5㎝の山型を切り抜きます。

③①の雀鯛を②の型と同じ大きさの山形に切ります。腹を上にして切り、上のほうに漢字の「小」の形に切り目を入れます。

④大根でつくった②の型に、③の雀鯛と寿司飯を詰め、軽く押して押し寿司にします。青のり粉を山形の下のほうにふって松林に見立てます。

※写真では、鯛の下に玉子を敷いています。

③ななめに切り目を入れ、山の形にします

④大根は匂いが少なく、殺菌効果もあるので格好の型になります

④くり抜いた大根で押すとよいでしょう

葉ぼたん

芽キャベツの葉をひらき、間に片栗粉で海老肉を固定します。

【材料】（4人分）

芽キャベツ……………4個
小えび……………2尾
食紅・酒・塩……………少しずつ
片栗粉……………適量
辛子漬けだれ
　だし汁……………100㎖
　辛子……………10g
　煮切りみりん……大さじ3
　白しょうゆ……小さじ5
　薄口しょうゆ…小さじ1

【作り方】

①えびをつぶしてすり鉢ですります。塩で味、食紅でほんの少し色をつけます。

②熱湯に芽キャベツをさっと入れ、すぐ冷まします。芯に十文字の切り目を入れ、葉を1枚1枚ひらき、中央の細かい葉は切り取ります。

③ひらいた葉の内側に、ハケで片栗粉をつけます。その上に①のえび肉を、薄く花びらのようにつけます。えび肉は酒でのばしてつけやすいやわらかさに調節します。

④沸騰した湯に塩を少し入れ、③を色よく茹でます。うちわであおいで冷まし、あわせた辛子漬けだれに3時間ほど漬けます。

③中央にはこんもりと盛りつけます

鴨の松風焼

オーブンで手軽にできる和のミートローフ。合い挽き肉だけでもおいしくできます。

【材料】（4人分）

- 鴨肉……２００g
- 合い挽き肉……２００g
- 玉ねぎ……1/4個
- にんじん……３cm
- たけのこ……40g
- 乾燥きくらげ……10個
- 卵……２個
- パン粉……20g
- 砂糖……大さじ３
- たまりじょうゆ……大さじ２
- タレ
  - 煮切りみりん……大さじ２
  - たまりじょうゆ……小さじ２
- ケシの実……少し

【作り方】

① きくらげは前の晩から水で戻し、使う前に茹でてやわらかくします。

② 鴨肉と合い挽き肉はあわせてたたき、よく練ります。

③ 玉ねぎはみじん切りにし、水で洗ってしぼります。きくらげ、にんじん、たけのこを千切りにします。

④ ②③と卵、パン粉、砂糖、たまりじょうゆをよく混ぜ合わせ、クッキングシートを敷いた角型に平らに流し入れます。真ん中を少しくぼませます。

⑤ ２５０℃のオーブンで焼きます。火が通ると油が出てくるので拭き取りながら、材料をあわせたタレをハケで塗ります。乾いたらまた塗るを3度繰り返し、30分ほどかけて焼き上げます。

⑥ 冷めたら、煎ったケシの実を上にふりかけます。食べやすい大きさに切るか、抜き型で抜きます。

なます

お正月の定番。お店では塩漬の丸くらげを使いますが、乾燥の中華くらげでも。

【材料】（4人分）

- 大根……４cm
- きゅうり……1/2本
- 京にんじん……３cm
- 水仙寺のり（生のり）……15g
- くらげ……20g
- ゆず皮……適量
- かに身……10g
- 甘酢
  - 水……２００mℓ
  - 酢……大さじ２
  - 砂糖……50g
  - ゆず……適宜

【作り方】

① くらげは水につけて塩抜きし、やわらかく戻します。

② 野菜はマッチ棒くらいの大きさにそろえて切り、２５０mℓの水に塩（分量外）を小さじ1入れた塩水に40分漬けます。

③ ゆず皮は白い部分をなるべく取り除き、千切りにします。

④ 甘酢の材料を鍋にあわせ、沸かします。砂糖と塩で味を調節します。

⑤ 常温まで冷ました甘酢をボウルに入れ、水洗いしてしぼった①②とのり、かに身を入れます。③のゆず皮を加え、5時間ほど漬けます。

吸物

みぞれ椀
白魚の黄味揚げ入り

一、二月は一年で最も寒い季節。白魚が海から川の河口へ登ってきます。愛知県では木曽三川や三河の矢作川《やはぎ》などで、鮮度の良い大きな白魚がたくさん獲れます。

旬の白魚は、生で食べてもほんのり苦みがあっておいしいものですが、今回は卵の黄身を使った「黄味揚げ」に。季節の野菜とともに、甘みがのった大根をみぞれ雪に見立てたお吸い物にしました。一足早い木の芽を香りに。

【材料】（4人分）

白魚……………………20本
黄味衣
　ゆで卵…………………1個
　卵黄……………………1個ぶん
　小麦粉…………………20 g
　水………………………25 mℓ
　塩………………………ひとつまみ
新たけのこ……………小1本
かぶ……………………小1個
にんじん………………⅓本（細めのもの）
味付つゆ
　だし汁…………………100 mℓ
　白しょうゆ……………小さじ1
だし汁…………………720 mℓ
調味料
　煮切りみりん…………大さじ1
　白しょうゆ……………小さじ2
　塩………………………小さじ½
大根……………………150 g
吉野葛（片栗粉）……15 g
木の芽…………………4枚

このひと手間

【大根おろしの程よいしぼり方】
大根おろしは、すだれの上におろし、半分に折って軽くしぼると程よく水分が残ります。

【作り方】

① たけのこは前日のうちにやわらかく茹でます。（20ページ参照）

② かぶは茎の青い部分を2cmほど残し、皮を厚めにむいて、⅙に切ります。塩を少し入れた湯で色よく茹で、冷まします。

③ にんじんは3～5mmほどの厚さに切り、型で梅の花の形に抜いて、茹でます。

④ ①～③を味付つゆに漬けておきます。

⑤ 大根をおろし、軽くしぼります。だし汁を温め、調味料で味をつけて、大根おろしを入れ、78ページの作法椀と同様に水とき片栗粉でとろみをつけます。

⑥ 白魚は洗ってザルにあげておきます。

⑦ 黄味衣をつくります。ゆで卵の卵黄をボウルに裏ごしし、生の卵黄と小麦粉、水を混ぜ合わせます。塩をひとつまみ入れ、味をつけます。

⑦黄味衣を混ぜる途中にダマができてしまったら、裏ごししましょう

⑧ 白魚の水分を拭き取り、小麦粉を軽くまぶします。黄味衣をつけ、1本1本揚げます。

⑧衣は4、5匹目刺しにしておくと扱いやすいでしょう

目刺しのまま揚げても構いません

⑨ ④の野菜を温め、⑧と一緒に椀に盛り、⑤の汁を張ります。香りに木の芽をのせて。

造り

鮃の昆布〆ほか 季節のお造り

もっちりした食感のひらめの昆布〆に、寒ぶりと花みる貝のお造りです。

寒ぶりは特に、日本の冬を表す魚ですね。腹身の厚いところを塩焼きにしてレモンで…と思い浮かべるだけで、うずうずしてしまいます。脂の乗ったおいしい時期は、十二月中旬から二月の中頃までと短く、この間に存分に楽しんでおきたいものです。お刺身はたまり醤油に大根おろしとしょうがをたっぷり入れていただきましょう。

盛りつけには、黒竹で作った雪がこいをあしらいました。雪の飾りは、卵白と塩を混ぜたものです。

【材料】（4人分）

鮃の昆布〆

- ひらめ……80g
- だし昆布……2枚
- 塩……少々

【作り方】

① だし昆布は、水洗いし固くしぼったきれいな布でふき、表面の汚れを取ります。

② ひらめを刺身の大きさにそぎ切り、軽く塩をふります。

③ バットにだし昆布1枚を敷き、その上に②のひらめを並べます。もう1枚の昆布をかぶせ、軽く重しを乗せて、冷蔵庫で半日から1日間寝かせます。

※ 漬け昆布を千切りにしてお刺身に添えると、昆布〆だとわかりやすくよいでしょう。

【ツマの作り方】

料亭では、かつらむきした大根を細く刻んでツマにしますが、これは高度な技術を要します。ご家庭ではできるだけ薄くスライスした大根を重ねて、さらに薄く切り、水にさらすと、それなりに細く切れるでしょう。

焼物

鰆の西京漬　松葉野菜添え

「魚」に「春」と書くさわら。ぶりよりも旬の時期が長く、春先まで使えます。中火でこんがりと焼き目をつけて焼きましょう。少し手に入りにくいですが、寒い時期はまながつおもおすすめです。

色とりどりの野菜をバターで炒めた松葉野菜を乗せ、すだちを添えていただきます。ぴりっとした矢しょうがを口直しに添えてもよいですね。他の野菜の色を引き立たせる黒きくらげは、しいたけなどで代用してもよいでしょう。

【材料】（4人分）

鰆の西京漬

さわら……………200g（2切れほど）
漬け味噌
　西京みそ………200g
　砂糖……………小さじ6
　酒………………60mℓ

松葉野菜

にんじん…………$\frac{1}{3}$本
もやし……………$\frac{1}{4}$袋
乾燥きくらげ……10個
ほうれん草………2株ぶん（茎の部分）
サラダ油…………少々
バター……………少々
塩…………………少々
すだち……………2個
　またはレモン……$\frac{1}{2}$個

このひと手間

【野菜の下茹で】

野菜は茹で時間の長い順（にんじん、もやし、きくらげ、ほうれん草）に鍋に入れましょう。青い野菜は色がとびやすいので、うちわであおぐなどして急冷します。

冬場は外気に当てて冷ましてもよいでしょう

【作り方】

鰆の西京漬

①さわらは1人当たり2切れとなるように切り、下塩をして30分ほどおきます。
②西京みそをボウルに入れ、砂糖で味つけし、酒でやわらかくのばします。
③①をさっと水洗いし、布（キッチンペーパー）で水分を拭き取ります。
④バットに②の漬け味噌の半量を平らにのばし、上にガーゼを敷きます。③のさわらをガーゼの上に並べ、別のガーゼで覆い、残りの味噌をかけて1日漬けます。
⑤焦がさないよう中火でゆっくり焼き上げます。

ガーゼを敷くと、焼く前に漬け味噌を洗い流さずに済みます

松葉野菜

①乾燥きくらげは前日から水に浸しておきます。当日茹でてやわらかく戻し、千切りに。
②にんじんも千切りにします。もやしは芽と根を取り、ほうれん草は茎の部分を他の野菜と同じくらいの長さに切ります。
③鍋に湯を沸かし、①②の野菜を入れます。さっと混ぜたらザルにあげ、風を当てて冷まします。
④フライパンに油をひき、③を炒め、バターと塩で味つけします。すだちまたはレモンをふって。

蒸し物

牛肉トマトスープ蒸し

か茂免では、50年以上前からトマトジュースを使った料理を作ってきました。その当時は、日本料理にトマトジュースを使うことは珍しかったと思います。

壷で蒸すこのトマトスープ蒸しは、私にとって宝物のような料理です。先代がトマトジュースと塩だけで味つけていたのに、甘みを加えるなど、時代とともに少しずつ味を変えてきました。口当たりがさわやかで、お子様からご年配の方、外国人の方にも喜ばれます。器ごと蒸すので冷めにくいのも、嬉しいところ。結婚披露宴でもよくお出ししています。

【材料】（4人分）

牛肉（肩ロース）……120g
里芋……4個
にんじん……1本
小玉ねぎ……4個
しいたけ……4個
芽キャベツ……4個
トマトスープ
- 鶏ガラスープ……600㎖（67ページ参照）
- トマトジュース……400㎖（有塩）
- 煮切りみりん……小さじ2、3
- 塩……小さじ1前後
- バター……15g

白こしょう

【作り方】

① 里芋は52ページの石川小芋の要領で下茹でします。にんじん、しいたけ、芽キャベツも軽く茹でておきます（同じ鍋で一度に茹でて構いません）。
② 牛肉はフライパンで、強火で焼き目だけつけます。
③ 鍋にトマトスープの材料を入れ、一度沸かします。
④ 1人分ずつ、耐熱容器に①（芽キャベツ以外）②の具材と③のスープを入れ、アルミホイルまたはラップで蓋をし、蒸し器で50分ほど蒸します。
⑤ 青い色を残したい芽キャベツを最後に入れ、さらに10分ほど蒸します。

※ 蒸し時間は長くなっても、味に変わりはありません。具材がおいしくいただけるようしっかり蒸しましょう。

揚物

子持ち海老揚げ志ん女 白菜甘酢漬けと りんごチーズサンド添え

愛知県の魚「車海老」。昭和30年頃の三河でもよく獲れました。愛知県の人は、今でも海老が大好きですね。日本人は赤を好みますが、自然の材料には赤色の食材が少なく、紅白模様が美しい海老は様々な料理で重宝します。

今回は、海老をつぶして玉ねぎと卵を混ぜた海老しんじょを海老に抱かせた、贅沢な料理です。揚げたての熱々を見ると飲めない私でも一杯やりたくなってしまいます。

さっぱりした白菜の甘酢漬けと、りんごを添えて。

【材料】

子持ち海老揚げ志ん女（4人分）

- 車えび……………8本
- むきえび…………100g
- 玉ねぎ……………½個
- マヨネーズ………40g
- 塩 …………………適量
- 片栗粉……………少量
- 割りソース
  - ウスターソース …適量
  - だし汁 …………ウスターソースと同量

白菜甘酢漬け（作りやすい量）

- 白菜………………⅓個
- 塩 …………………小さじ3、4
- 甘酢
  - だし汁 …………600mℓ
  - 酢 ………………180mℓ
  - 砂糖 ……………200g
  - 塩 ………………20g
  - 赤トウガラシ ……1、2本
  - ゆず皮……………適量

りんごチーズサンド

- りんご
- チェダーチーズ

【作り方】

子持ち海老揚げ志ん女

① むきえびはすり鉢で細かくすります。

② 玉ねぎはできるだけ細かくみじん切りにし、洗ってザルに上げ、しぼっておきます。

③ ボウルに①②を入れて混ぜ、マヨネーズを加えてやわらかくのばし、塩少々で味つけします。

④ 車えびは頭と背ワタを取り、尾は残して皮をむきます。包丁で腹を開き、薄塩して5分ほどおきます。

⑤ ④のえびの水分を軽くふき取り、片栗粉を軽くまぶして、③のしんじょをのせます。しんじょの上にハケで片栗粉をまぶします。

⑥ ⑤を中温の油で揚げます。器に盛りつけ、ソースとだし汁を同割で混ぜた割りソースを添えます。

⑤開いたえびの腹にハケで片栗粉をまぶします

⑤しんじょはたっぷり、お寿司のようにのせます

⑥きつね色になるまでじっくりと揚げます

白菜甘酢漬け

① 白菜を洗い、半分に切って、芯の白い部分を中心に塩をふります。ざるにのせ、半日ほど日陰干しします。

② 甘酢をつくります。酢を火にかけ、沸いたら他の材料を加えます。再度沸騰したら、火を止め冷まします。

③ 保存容器に①②とゆず皮を入れ、ふたをして1日漬け込みます。適当な大きさに切り、つけ合わせに。

塩は一枚一枚にたっぷりと、特に芯のほうは強めに塗りこみます

りんごチーズサンド

りんごとチーズを同じ厚さに切り、サンドイッチにします。

強肴

公魚《わかさぎ》醤油干しと菜の花の胡麻醤油和え

わかさぎは、鮭や鮎と同じく川に上って産卵し、川を下って成魚となる一年魚。一月から三月にかけての産卵期が最もおいしく、氷上の穴釣りは有名ですね。

淡泊な身は、天ぷらやマリネ、佃煮など様々な調理法でおいしくいただけますが、今回は新鮮なうちに丸のまま醤油に漬けて、寒干しにしました。香ばしい醤油の香りでこれから迎える春を遠くに想い浮かべます。

【材料】（4人分）

公魚の醤油干し

わかさぎ……………一人3、4尾
薄口しょうゆ……………25㎖

菜の花の胡麻醤油和え

菜の花……………½束
和え衣
- 炒りごま……………20g
- だし汁……………大さじ1
- 砂糖……………大さじ1
- しょうゆ……………小さじ2

このひと手間

【菜の花のアク取り】

若い菜の花はアクが強いので、アク水を使ってえぐみを取ります。アク水は、ボウルに入れた灰に沸騰した湯を注ぎ、一日置いて沈殿させた、上澄みのこと。茹でて冷ましたあと、このアク水を混ぜたたっぷりの水に一時間ほど漬けておくと、アクが取れます。

わらびなどもこの要領でえぐみを取りますが、最近の野菜は苦みが少ないので不要かもしれません

【作り方】

公魚の醤油干し

① わかさぎは、腹の下部から砂袋を引き出し、洗ってザルにあげます。布（キッチンペーパー）で水分をふき取り、ボウルでしょうゆと混ぜ合わせ、そのまま90分ほど漬けておきます。

砂袋は楊枝などで先を押し出すと、そこから容易に引っぱり出せます。

② ①を金串などで目刺しにし、44ページのいわしの要領で屋外で半日ほど日陰干しします。手で触ってみて、ベタつかなければできあがりです。

③ フライパンなどで、焦げ目を少しつけて焼きます。

菜の花の胡麻醤油和え

① 菜の花は強火でさっと色よく茹で、冷水で冷まします。流水で洗い、軽くしぼります。

② 炒りごまは半ずりにします。和え衣の他の材料とあわせ、①を和えます。

留

青のり雑炊

青のりの色と香りがおいしい雑炊は、さっぱりと簡単にでき、お酒の後にも最高です。香の物を添えて召し上がってください。

ごはんは一度洗った冷やごはんでもおいしくできます。青のりは買ってきたそのままか、さっと水洗いして。青い色が熱ですぐ抜けてしまいますので、食べる直前に素早く入れることが肝心です。

【材料】（4人分）

あおさ海苔（生）……70g
だし汁……………800㎖
ごはん……………お茶碗に軽く4杯ぶん
調味料
　白しょうゆ………大さじ2
　塩…………………ふたつまみ
わさび……………適宜

【作り方】

① 鍋にだし汁を入れて火にかけ、調味料で味をととのえます。
② 沸いてきたらごはんを入れてほぐし、最後にあおさ海苔を入れて味を確認します。お好みでわさびを添えて。

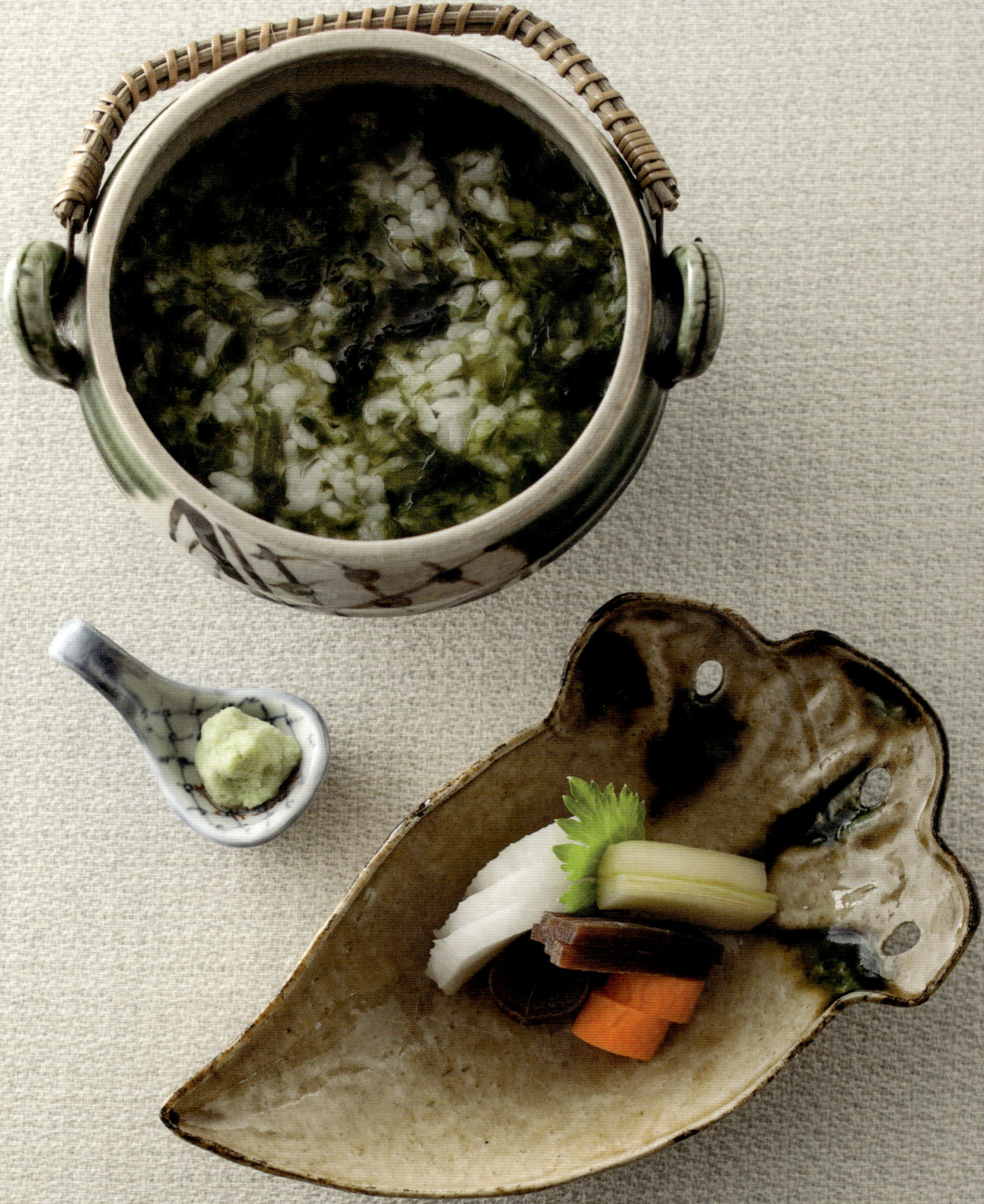

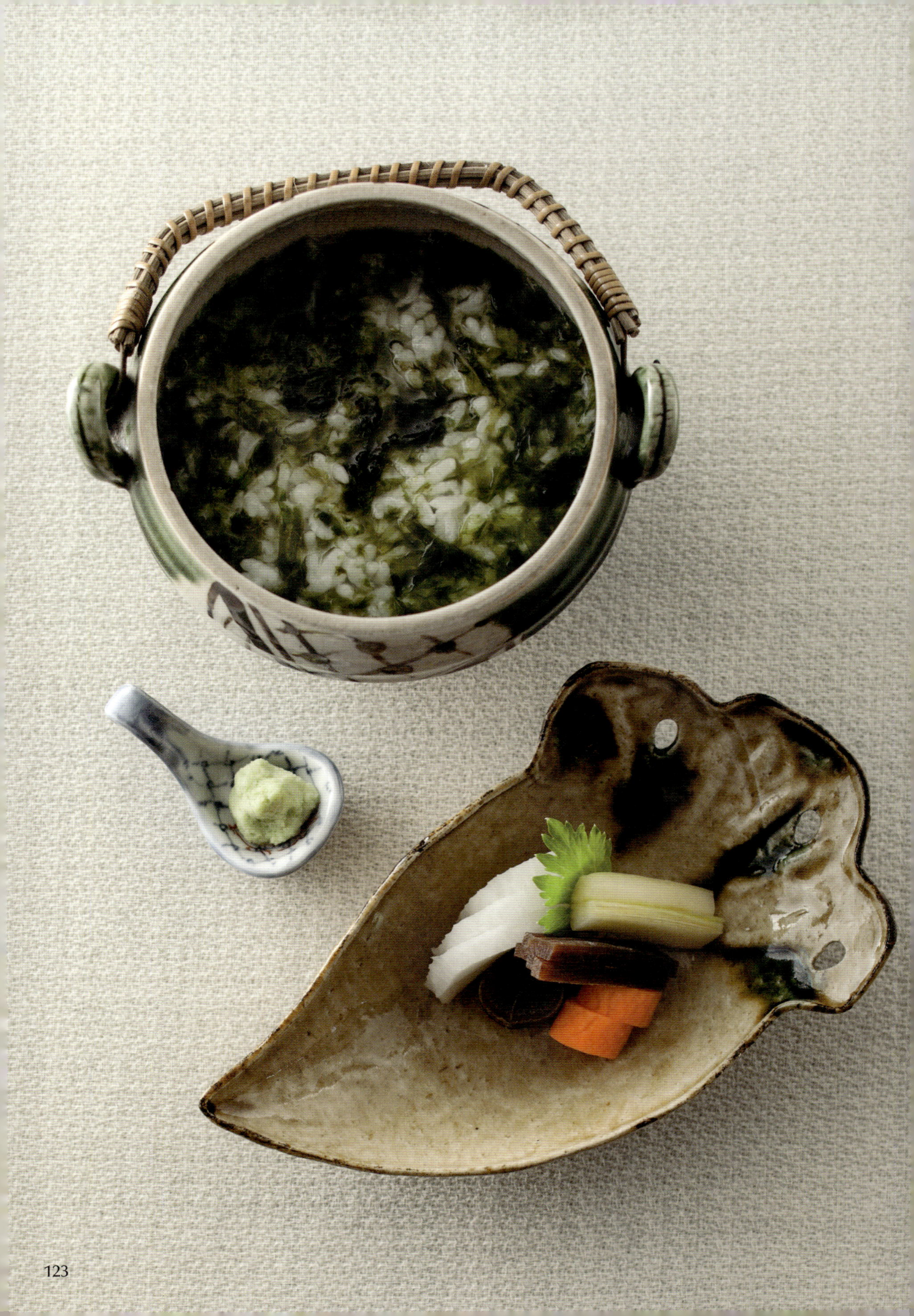

水物

三宝柑ゼリー寄せ あんぽ柿アイスと苺入り

三宝柑《さんぼうかん》は寒い時期のみかんです。「三つの宝」と書くので、お祝いにもぴったりですね。この三宝柑をくり抜き、ゼリーの器として使いました。三宝柑が手に入らなければ伊予柑やオレンジなど別の柑橘類でお試しください。

ゼリーの上には、果物や、お正月らしく黒豆を盛り込んでいます。こうして具を「積み重ねる」のも縁起の良いものです。

アイスクリームを詰めた冬の味覚・あんぽ柿もおいしいですよ。

【材料】（4人分）

三宝柑ゼリー寄せ

三宝柑……………4個
三宝柑のしぼり汁……125㎖
みかんジュース……125㎖（市販のもの）
シロップ
　砂糖…………70g
　水……………180㎖
粉ゼラチン…………4g
いちごなど季節の果物
黒豆

あんぽ柿アイス

あんぽ柿……………4個（種なしのもの）
バニラアイスクリーム…適量

【作り方】

三宝柑ゼリー寄せ

① 三宝柑はきれいに水洗いします。ゼリーの器として使いますので、へたの部分をふたになるように切り取り、スプーンで中身をくり抜きます。
② ①のくり抜いた中身をしぼって、ジュースにします。同量のみかんジュースと混ぜ、シロップで甘さを調節し、一度漉《こ》します。
③ ②を鍋に入れて火にかけます。沸いてきたら火を止め、粉ゼラチンを入れてよく混ぜ合わせます。
④ ③の粗熱がとれたら、くり抜いた三宝柑に流し入れ、冷蔵庫で冷やします。
⑤ 固まったゼリーの上に、あんぽ柿アイス、果物や黒豆を飾ります。

あんぽ柿アイス

あんぽ柿のへたを指でまわしてくり抜きます。少し室温においてやわらかくしたバニラアイスを絞り袋などに入れて、あんぽ柿の空洞の部分に詰めます。

あんぽ柿は、へたを取ると中が空洞になっています

あんぽ柿が十分に大きければ、スプーンで詰めてもよいでしょう

冬

単品

名古屋コーチン鍋

ご当地名古屋の鍋料理。赤味噌に他の味噌を合わせることで、コクと旨味が増します。

【材料】

鶏ガラスープ（おいしくできる量）

鶏ガラ……………1羽ぶん
（足のもみじの部分も含む）
だし昆布……………50g
玉ねぎ……………1個
水……………2,000mℓ
酒……………200mℓ
塩……………小さじ2

玉味噌（おいしくできる量）

八丁みそ……………100g
信州みそ……………10g
砂糖……………80g
酒……………35mℓ
煮切りみりん…小さじ3

名古屋コーチン鍋（4人分）

名古屋コーチンもも肉…2枚
豆腐……………1丁
季節の鍋野菜
（白菜・白ねぎ・きのこ・春菊など）
鶏ガラスープ……………400mℓ
だし汁……………200mℓ
玉味噌……………50g
砂糖……………40g
しょうゆ……………大さじ2

【作り方】

鶏ガラスープ

① 鶏ガラは霜降りし、表面の汚れを取ります。
② 玉ねぎを荒く刻み、だし昆布と水とともに鍋に入れ、火にかけます。煮立ったら①と酒、塩を加え、水面がさざ波立つくらいの弱火にします。
③ アクを取りながら70分ほど煮込むと、800mℓ前後のスープがとれます。

玉味噌

① 酒を火にかけ、アルコール分を煮切っておきます。
② 八丁みそと信州みそを混ぜ、酒とみりんでのばしながら、砂糖を混ぜ込みます。

名古屋コーチン鍋

① ボウルに玉味噌を入れ、鶏ガラスープとだし汁でやわらかく溶きます。砂糖としょうゆで味をととのえます。
② 食べやすい大きさに切った具を①のスープで煮ます。

※ 〆にはぜひ、鍋の中でトロッと煮た卵をスープと一緒に熱々のごはんにかけてどうぞ。

豚の角煮 よもぎ麩添え

か茂免のおみやげとしても販売している、定番の一品です。

日本料理も今では堂々と肉を使うようになりましたが、私がこの仕事についた頃は肉として使うのはかしわ（鶏肉）くらい。茶懐石のお店では、それすらとんでもないと言うほどでした。

しかし、私の店は旨いものならなんでも出してみようという方針で、昭和の中頃にはこの角煮を会席に出すようになったのです。

おいしくするコツはとにかく脂をしっかり取ること。余った煮汁で肉じゃがやおからを煮るとまた、おいしいですよ。

【材料】

豚の角煮（おいしくできる量）

豚バラかたまり肉……700g
（厚さ7cm・長さ30cmくらい）
しょうが……30g
煮汁
- 水……1,700mℓ
- 氷砂糖……150g
- 砂糖……130g
- 酒……100mℓ
- 薄口しょうゆ……100mℓ
- しょうゆ……大さじ3

辛子……適宜

よもぎ麩とふきの含ませ（4人分）

よもぎ麩……4切れ
ふき……2本
含ませつゆ
- だし汁……150mℓ
- みりん……小さじ1
- 塩……3つまみ

このひと手間

【具の大きい煮物のコツ】

具の大きい煮物は、中留めして味をしみ込ませますが、この時に煮汁が濃すぎると、表面が固くなってしまいます。まず半分くらいの味つけで煮て、中留めした後でまた、調味料を足しましょう。

温め直すときには、芯まで熱が通る前に煮詰まってしまうといけませんので、水を足して火を入れます。

【作り方】

豚の角煮

① 豚バラ肉の両面に塩をまぶし、蒸し器や電子レンジでやわらかく蒸すか、茹でて全体に火を通します。冷水にとって冷まし、冷蔵庫に一晩おきます。こうして肉をしめると、後で四角く切りやすくなります。

② しょうがは洗い、厚めにスライスします。

③ 5cm角に切った①の豚バラ肉と②のしょうが、煮汁の材料（砂糖は60g、しょうゆは15mℓだけ入れる）を鍋に入れ、火にかけます。沸騰したら中火に。浮き上がってくる脂をすくい取りながら、1時間ほど煮ます。

④ 常温まで冷まします。冷めたら、白く固まった脂を取り除きます。

⑤ 鍋を再び火にかけ、残りの砂糖としょうゆを加え、味をととのえます。中火で1時間ほど煮て、食べるまで冷ましておきます。

⑥ 再び鍋で温めるときは、煮詰まらないよう水を100～150mℓ加えます。芯まで熱く温めてどうぞ。

よもぎ麩とふきの含ませ

① ふきは半分に切り、少し塩をふっておきます。沸騰した湯に太いほうから入れて茹で、冷まし、皮をむいて水にさらします。

② 5cmくらいの長さに切り、よもぎ麩と一緒に含ませつゆに漬けます。

③ ②を火にかけ、温めます。

①塩はたっぷりと全体にふりかけます

③脂は調味料と混ざるとギトギトしてしつこいので、こまめに取り除きます

④中留めして味をしみ込ませます。この時も脂をしっかり取ります

ふきは表を3、4回、お店ではさらに裏側も2回ほどむきます

寒鰤大根

私のぶり大根はおでんのような感覚で、飲めるくらいの辛さのつゆをひたひたに残しています。ぶりはもちろんアラの部分を使うとまた旨くできます。

【材料】（4人分）

ぶり……………500～750g
大根……………½本
煮汁
　だし汁………1,000㎖
　酒……………100㎖
　薄口しょうゆ…50㎖
　しょうゆ……25㎖
　砂糖…………大さじ2

【作り方】

① 大根は洗って皮を厚めにむき、2、3㎝の厚さに切ります。
② ぶりは沸騰した湯にさっとくぐらせて霜降りするか、表面に焼き目をつけて、冷水にとります。
③ 鍋にだし汁と大根を入れ、火にかけます。沸騰してきたら、弱火にし、大根がやわらかくなるまで45分ほど煮ます。
④ 鍋に②のぶりを入れ、煮汁の調味料を加えて味つけします。15分から20分ほどコトコト煮含ませ、味見して火を止め、一度常温まで冷まします。
⑤ 食べる直前に火を入れて、熱々を食べます。お好みで柚子や辛子を添えて。

霜降りは表面の色が変わる程度にさっと

できあがりで、鍋の底から4、5㎝は煮汁が残っている状態です

このひと手間

【具の大きい煮物のコツ②】

最初にひたひたの水が入っていることが肝心です。食材がしっかり水に浸かっていないとやわらかくなりません。

角煮と同様に、中留めで味をしみ込ませます。ふろふき大根なども、中留めしたほうがおいしくできますよ。

つくねの白あんかけ

甘辛く煮たつくねにマッシュポテトの白あんを綿雪のようにかけました。老若男女に愛される一品です。

【材料】（4人分）

- 合い挽き肉……２４０g
- 玉ねぎ……½個
- パン粉……20g
- 卵……１個
- 煮汁
  - 酒……１３０mℓ
  - みりん……１００mℓ
  - たまりじょうゆ……大さじ２
  - しょうゆ……小さじ２
  - 砂糖……大さじ２
  - 水……50mℓ
- 白あん
  - じゃがいも……１個
  - 牛乳……１００mℓ
  - 塩……ひとつまみ
- 青のり粉またはゆず

このひと手間

【生パン粉の作り方】

ふわふわの食感にするコツは生のパン粉を使うこと。外気(湿度の低い冬は室内でもＯＫ)に１日あてて乾燥させた食パンをちぎり、目の荒い金網で細かくおろします。

細かく削れるように、パンはしっかり乾燥させておきましょう

【作り方】

① 玉ねぎは細かくみじん切りにし、洗ってしぼっておきます。

② 合い挽き肉をボウルに入れ、よく練り、パン粉、卵、①の玉ねぎをあわせます。下味に砂糖としょうゆ（分量外）を少しずつ入れ、適当な大きさに丸めます。

③ 白あんをつくります。じゃがいもは茹でて皮をむき、熱いうちに裏ごしします。鍋に入れ牛乳でのばし、温めながら塩で味つけします。

つくねにしっかり味がついているので白あんは薄味に。牛乳の量は適宜増減して

④ 鍋に煮汁の調味料をあわせ、沸いてきたら②を入れて煮上げます。

⑤ 煮上がったら器に盛り、熱々の白あんをかけ、天に青のりまたはゆずを飾ります。

つくねの大きさはお好みで。ミートボール状にしてもよいでしょう

強めの火でグツグツ煮上げます

野菜海苔巻き　旨つゆ添え

先代がよく出していた刻み野菜の盛り合わせを、海苔巻きにアレンジした、私の十八番です。ご家庭ではスライサーを使うとよいでしょう。つけ合わせには生ハムやカニもおすすめです。

【材料】（4人分）
レタス……………1枚
にんじん…………3cm
きゅうり…………⅓本
紫キャベツ………1枚
セロリ……………¼本
うど………………¼本
焼き海苔（全型）………1、2枚
旨つゆ
　水……………400㎖
　みりん………60㎖
　酢……………大さじ2
　薄口しょうゆ……小さじ5
　白しょうゆ………大さじ1
　かつお削り節……8g
ベーコン（かたまり）…120g
切りごま、辛子……適宜
寿司用の巻きすだれ…2枚

【作り方】
① 野菜は全て細い千切りにします。水で2度洗い、ザルにあげて水分を切っておきます。セロリとうどはアクが強いので、水に長めにさらしましょう。
② 旨つゆをつくります。鍋に材料を全て入れて沸騰させ、火を弱めて約5分コトコト煮ます。冷蔵庫で冷やし、漉《こ》します。
③ すだれの上に①の野菜を彩りよく並べ、固く巻きます。
④ 別のすだれに海苔を広げます。③の野菜のすだれをはずし、海苔の上にのせ、巻きます。
⑤ よく切れる包丁で④を八等分し、器に盛ります。こんがり焼いたベーコンとつゆを添えて。ごまややわらかくした辛子をつゆに入れても良いでしょう。

③若い頃はこの千切りに苦心しました。錦糸玉子を入れてもきれいです

④海苔が重なる部分をしめらせて固定します。海苔のパリパリ感が重要なので、かけすぎないように

⑤刃を霧吹きでしめらせておくと、切りやすくなります

白酢和え

ごまの香りと酢を効かせた白和えは、お酒が進む一品です。店では焼き穴子、酢で洗ったさより、茹で海老、甘辛く煮た油揚げ、しいたけの旨煮、きゅうりなども合わせ具沢山でお出ししています。

【材料】（4人分）

和え衣
- 木綿豆腐……90g（約½丁）
- 白ごま……30g（ペーストを使う場合は20g）
- 酢……小さじ2、3
- 白しょうゆ…小さじ2
- 砂糖……大さじ2

ツナ缶……1缶
キャベツ……100g（2枚）
れんこん……80g

酢れんこんの煮汁
- 水……180㎖
- 酢……大さじ1
- 砂糖……大さじ1
- 塩……ひとつまみ

【作り方】

① 木綿豆腐はガーゼなどの布に包み一晩重石を乗せて、水分を切ります。

豆腐をバットに乗せ、布で包みます

上にバットを乗せ、重石をします

② ごまをこんがりと炒り、すり鉢でよくすります。①の豆腐と他の調味料を加え、裏ごしして和え衣とします。

③ キャベツは長さ4、5㎝、細さ5㎜ほどの短冊切りにし、色よく茹でて冷まします。

④ れんこんは皮をむき、薄く切って水洗いします。煮汁で煮て、酢れんこんにします。

⑤ ③④を軽くしぼり、油を切ったツナとともにボウルに入れ、②の和え衣と混ぜ合わせます。固い場合はだし汁を加えてのばします。酢で味を調節しましょう。

れんこんは、酢を入れて茹でると黒くなりません

煮奴

イベントなどで料理の実演を頼まれると、よく作るのがこの煮奴。簡単に調理でき子供さんからお年を召した方まで、どなたにもお薦めできる一品です。さっぱりとして消化が良いので、体調を崩した時にもぴったり。か茂免が旅館をしていた時分には、お泊まりのお客様の朝食によくお出ししていました。

煮奴は江戸時代からある料理です。しかしなぜか、現代の家庭料理としては、冷や奴や湯豆腐のように一般的ではありません。冬はじっくり温めて熱々を、夏は冷蔵庫で冷たく冷やして、いずれもたっぷりのつゆと一緒にいただくと本当においしいですよ。ぜひご家庭の定番料理に加えてください。

【材料】(4人分)

木綿豆腐……………2丁
かつお削り節………30g
だし昆布……………10g
煮汁
- 水……………………600mℓ
- みりん………………大さじ2
- 白しょうゆ…………大さじ2
- しょうゆ……………小さじ1

辛子…………………適宜
ガーゼ………………1枚
(30cm角程度)

【作り方】

① だし昆布はぬれふきんで表面の汚れを取ります。鍋にだし昆布とかつお節を入れ、その上にガーゼを敷き、豆腐を置いてガーゼで包みます。水を入れて火にかけます(ガーゼは省いても可)。

② ①の鍋が沸く前に、煮汁の調味料を加えます。沸騰したら弱火にして、15分ほどコトコト煮ます。

③ 味をととのえ、火を止めて、常温まで冷まし中まで味を浸透させます。

④ 食べる前に中火でゆっくりと温め、お好みで辛子を添えて。茹でたセリを軽くしぼって入れるのもおすすめです。

コラム

未来に残していきたい料理

私は若い頃から幸い、ほとんど病気をしたことがありません。料理人は味を見て食中毒を防ぐために、体調管理をすることが不可欠ですが、早寝早起きを心がける以外にはこれといった養生訓があるわけでもありません。不調のときは食欲がなくなることが多く、さっぱりとした果物くらいで済ませています。

家族が体調を崩したときは…？右の煮奴や雑炊のようなものを作ることが多いですね。

家庭料理に関しては、家内のほうが上手だと思っています。私が家で作るのはすまし仕立ての寄せ鍋などの鍋料理。あとは、海藻や魚のアラが入った赤出しや、しょうが醤油で食べる焼き茄子などです。

家庭料理と料亭の料理は何が違うのでしょう。本の冒頭で述べたこともありますが、冷蔵庫にある食材から数品のおかずをぱぱっと作り出すには、家庭料理ならではの応用と技が要りますね。この本でご紹介した料理も、ご家庭で何度か作っていただき、皆さんの手でアレンジされながら、残されていければ良いな、と思います。

不思議なのは、煮奴や梅わさのような、古くからあるシンプルな日本料理が、あまり一般的に知られていないことです。最近、和食が世界文化遺産に登録されましたが、和を志す若者は多くありません。昔の職人たちが残した素晴らしい料理は、今こそ見直す時期に来ているのかもしれません。

若手料理人といえば、最近は料理を携帯カメラなどで撮影する姿をよく見かけます。しかし、写真だけでは料理はものにできません。献立やレシピを自分の手で書いて記録することが、自身の経験からも重要だと思っています。

そして最も重要なのは、自分の手で作ること。同じ料理でも何度も作ることで、手早くおいしくできるようになります。失敗だって上手になる近道です。そして料理が自分の味になった時…思わず「うまい！」と声が出るはずですよ。

ご家庭用 基本のだし汁

本書における「だし汁」は、全てこのだしです。今は小袋入りの便利な削り節がありますが、時間のある時はぜひ、昔のように節を削り箱で削ってみてください。おいしさにびっくりしますよ。

【材料】（作りやすい量）
かつお節（削り節）…25g
だし昆布……10g
水……1,800ml

【作り方】

① だし昆布をさっと水で洗い、昆布の中心に縦に包丁で切り目を入れます。分量の水を入れた鍋に入れ、15分ほど置いておきます。

② ①の鍋を火にかけ、沸く前に昆布を取り出します。

③ 沸騰してきたら火を弱火にし、かつお節を入れます。強火でひと煮たちさせ、火を止めます。

④ アクを取り除き、2、3分置きます。

⑤ クッキングペーパーで漉《こ》します。

店でのだしのとり方

お店では一度に大量のだしをとります。
なんでも多く作った方がおいしくできます。

■一番だし（用途：吸い物など薄い色に仕上げたいもの）

【材料】
だし昆布……50g
かつお節（枯節・血合い抜きの削り節）……100g
水……2升（3.6ℓ）

【作り方】
① 昆布は洗うと旨味成分が損なわれてしまいます。表面の汚れが気になる場合は、固くしぼったふきんで軽く拭き取ってください。
② 鍋に水を入れ、火にかけます。60～65℃になったら昆布を入れて火を弱め、温度を保ちながら1時間弱火にかけます。
③ 鍋から昆布を取りだして加熱します。98℃になったら火を止め、かつお節を入れ、静かに沈め、アクをすくい取ります。
④ ネル生地で漉《こ》します。しぼらず、自然に落とします。

一番だしには血合いの入っていない右のかつお節を使用し、
二番だしには左の血合い入りのかつお節で濃厚な旨味を引き出します

■二番だし（用途：煮物全般、酢の物などの味つけ）

【材料】
一番だしをとった後のかつお節
かつお節（血合い入りの削り節）……100g
水……2升半（4.5ℓ）

【作り方】
① 鍋に水と一番だしをひいた後のかつお節を入れ、火にかけます。沸騰したら、30分ほど中火で煮立てます。
② 血合い入りのかつお節を加え、一度強火にし、止めます。
③ アクを取り、ネル生地で漉《こ》します。二番だしは固くしぼります。

だしガラの有効利用

だしがらふりかけ

【材料】
だしをとった後のかつお節……200g
水……300mℓ
砂糖……大さじ5
しょうゆ……40mℓ
塩……ふたつまみ
炒りごま、もみのり……適宜

【作り方】
① かつお節をフードプロセッサーで細かくする。
② 水・砂糖・しょうゆを入れ、火にかけて煮つめ、液体がなくなるまで炒りあげます。塩で味をととのえます。

昆布の佃煮

【材料】
だしをとった後の昆布……130g
水……1,200mℓ
砂糖……大さじ2
しょうゆ……小さじ5
たまりじょうゆ……小さじ3

【作り方】
① 昆布は四角に切り、鍋にたっぷりの水を入れ火にかけて、やわらかくなるまで中火で1時間ほど煮ます。
② やわらかくなってきたら、砂糖、しょうゆで味つけて煮つめます。

調味料のご紹介

愛知県は調味料の産地。私は、生まれ育ったこの土地の調味料を、こだわって使用しています。店で使っているものに近い、家庭用商品をご紹介しますので、ぜひ一度お試しください。

太白胡麻油（竹本油脂(株)／愛知県蒲郡市）
ごま油特有の香りがしない、ごまのサラダ油。さっくりと仕上げたい揚げ物などを中心に重宝しています。

白醤油 松（日東醸造(株)／愛知県碧南市）
愛知県特有の、火入れしていない生のしょうゆ。淡い色と独特の風味が特徴です。

さしみたまり（中利(株)／愛知県半田市）
コクの深い、たまりじょうゆです。

本みりん（九重味淋(株)／愛知県碧南市）
みりん専業として最も古いメーカーの製品。

角久 八丁味噌（漉）（合資会社八丁味噌／愛知県岡崎市）
岡崎市で伝統的につくられている豆みそ。色が濃く、濃厚なコクと少しの酸味、苦みがあります。

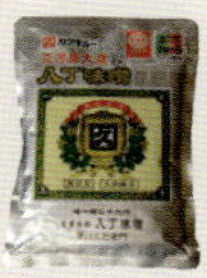

すずみそ（うちみそ粒）（すずみそ醸造場／愛知県西尾市）
手造りの豆みそ。旨さに感動し、ずっと使っています。「季節の味噌汁」のページで使用している豆みそはこの商品です。

上高地みそ（上高地みそ(株)／長野県松本市）
本書のレシピにある「信州みそ」は、これ。中甘口の米みそで、合わせみそにも適しています。

春／筍と若布の味噌汁

春の主役はやはり筍。
さっぱりした具に濃い味噌をあわせました。

【材料】（4人分）

だし汁……………800㎖
たけのこ…………100g（中½個）
わかめ（生）………60g
仙台みそ（米みそ）…50g
豆みそ……………20g

【作り方】

① わかめは軽く茹でて水洗いし、食べやすい大きさに切ります。
② たけのこは下茹でし、薄くスライスします。
③ 鍋にだし汁を熱し、2種類のみそを入れて混ぜます。沸く前に①②を入れ、沸騰したら味を見て、みそで調整します。

夏／しじみの味噌汁

暑い夏には、さわやかな薄い色の味噌汁を。
味わい深い貝のつゆを、山椒で引き締めていただきます。

【材料】（4人分）

だし汁……………800㎖
しじみ貝…………250g
信州みそ…………40g
白みそ……………20g
粉山椒

【作り方】

① しじみはよく洗ってザルにあげます。汁物に入れる貝類は、貝と貝どうしでたたきあわせてみてください。鈍い音がするものには、砂が入っています。中には砂だらけのものもありますから、調べておいたほうが無難です。
② 鍋にだし汁を熱し、みそ2種を溶き入れます。①を入れ、貝の口が開いて少し経ったら、味を確認します。椀に注ぎ、香りに粉山椒を少々、お好みで。

秋／里芋と油揚げの味噌汁

子供の頃から食べていた懐かしい味です。
生から煮こんだ里芋のとろみを楽しんで。

【材料】（4人分）

だし汁……………800mℓ
里芋……………150g
油揚げ……………2枚
信州みそ……………40g
八丁みそ……………30g

【作り方】

① 里芋は洗って皮をむき、食べやすい大きさに切ります。水洗いして、ザルにあげます。
② 油揚げも食べやすい大きさに切ります。
③ 鍋にだし汁を熱し、2種類のみそを入れて混ぜます。味をととのえ、漉《こ》します。
④ 鍋に③と①を入れて火にかけます。沸騰したら弱火にし、里芋がやわらかくなったところで②を入れます。味を確認し、椀に張ります。

冬／太もずくと葱の味噌汁

もずくは多めに、具を食べるような感覚で入れてください。

【材料】（4人分）

だし汁……………800mℓ
太もずく……………150g
長ねぎ……………1本
白みそ……………50g
豆みそ……………50g

【作り方】

① もずくは水洗いして、包丁で10㎝くらいの長さに切っておきます。
② 鍋にだし汁を熱し、みそ2種を溶き入れます。沸いたら味を確認し、①を入れてもう一度味見します。食べる直前に、小口切りにしたねぎを入れます。

冷たいマンゴーのスープ

【材料】（4人分）
フォンブラン……………300㎖
（鶏ガラと香味野菜でとるスープ（67ページ参照）、なければ固形ブイヨンで）
ポワローねぎ…20g
（手に入らなければ長ねぎの白い部分で代用）
玉ねぎ……………50g（¼個）
かぼちゃ……………200g
（メークインでもよい）
マンゴー（生）……………450g
バター……………15g
牛乳……………150㎖
生クリーム……………350㎖
ローリエの葉 ……………½枚
塩・こしょう……………少々

【作り方】
① マンゴーはシロップで煮ておきます。シロップは60ページのみつ豆で使ったものと同じです。
② ポワローと玉ねぎを薄切りにし、鍋に入れてバターで炒めます。
③ 玉ねぎの甘みが出てきたら、フォンブランを加えます。かぼちゃの皮をむき、薄く切って入れます。
④ ③のかぼちゃを入れたスープが軽く沸騰したら、アクを取り、塩・こしょうし、ローリエの葉を入れます。かぼちゃがやわらかくなるまで弱火でしっかり煮込み火を止めます。
⑤ スープが冷めたら、ローリエの葉を取り出し、①のマンゴーのシロップ煮を入れてミキサーにかけます。
⑥ ⑤を濾し器で裏ごしし、牛乳と生クリームを入れて味をととのえます。

コラム

フレンチとの交流

か茂免のご近所にあるフランス料理店、ラ・グランターブル・ドゥ・キタムラ。オーナーシェフの北村竜二さんとは、2004年に同店がオープンされて以来、チーズなどの食材や料理を交換したりと、懇意にさせていただいています。

右のマンゴーのスープは、北村さんからいただいた「桃のスープ」のレシピを、私流にアレンジしたもの。じゃがいもベースだったのをかぼちゃに変え、黄色のマンゴーを合わせてみました。秋の紫芋のアイスクリームも、北村さんからアドバイスをいただきました。

反対に私からは、北村さんに刺身をお分けしたり、鯉をワイン会のメニューに出されるというので、下処理を助言したりしています。鯉は小骨が多いので、ハモのように包丁を入れたり、皮をひいたほうが良かったりと、技が必要なのです。味つけは和とフレンチで異なりますが、それぞれで普段あまり使わない食材の使い方は、お互い勉強になります。

フランス料理は、日本料理と盛りつけ方も違いますね。こんもりと、真ん中に山を作るように盛る日本料理に対し、フランス料理は平面的に美しく盛りつけます。違う盛りつけ方を会席料理の中の一皿か二皿に取り入れると、ちょっとしたインパクトになり面白いものです。

細かい料理を、時間をかけて丁寧に作り、精細に盛るフランス料理。できるなら、北村さんのところで、フランス料理の修業をいちからしてみたいと思います。

他ジャンルの料理に限らず、他のお店に行って料理を味わい、盛りつけの季節感、色のバランス、料理を出すタイミングなどを見学することは、プロにとって大切なことです。他の人の料理のいいところをもらって、自分なりの味つけ、彩り、盛りつけを磨いていきましょう。

ラ・グランターブル・ドゥ・キタムラの北村竜二さん（右）と

あとがき

か茂免のおやっさんのもとで、大学卒業後、3年間修行させてもらいました。

おやっさんは人を厳しく叱りつけたり、講釈たれたりするようなことはないのです。「そんなことしたらいかんよ」と言わはるだけで、何でも教えてくれはった。職人気質という人らとは一線を画してましたね。

か茂免の料理も、おやっさんの料理も変わってましたわ。おやっさんには日本料理の伝統にしがみつくというようなこだわりはなくて、いっつもおもろいこと、新しいことをやってみようという姿勢があったと思いますね。その考え方、気風は僕も受け継いでしまいましたね。

か茂免名物の豚の角煮も独特で、当時は餅を入れてた。壺蒸しってありますよね。肉、ジャガイモ、ニンジンとかいろんなもの壺に入れ、スープにトマトピューレで味付けして、2時間も3時間も蒸すんですよ。菊乃井でも七宝蒸しってやってますけど、名物料理になってしまいました。菊乃井でも7月には豚の角煮も出してます。

僕がいつも言ってるのは「伝統とは革新である」ということ。伝統を守ろうと思たら、革新を続けないと伝統にはなりませんよ。僕らは伝承料理を作ってるのとちごうて、今の人に食べていただく料理を作らんとね。「これが百年前の京料理です」と言っても誰も喜びませんよ。絶えず新しいことを続けていって、それが点でつながってラインになって、後ろを見たときに伝統になっているわけなんでね。

おやっさんも去年と違うことをやりたがってましたね。ちょっとずつマイナーチェンジして、いつも新しいものになっていく。新しいことを続けていかんとダメだ、ということが、か茂免の修業時代におやっさんから学んだ最大のことですね。

腕前でも煮炊きもんさせたら、おやっさんの右に出る人いないんとちゃいますか。大きな大きな鍋に出汁が入って、煮方が味つけたのをおやっさんが味見する。考えて、醤油を何滴か入れる。「あんなもんで味変わるんかな」と若いころ思ってました。味ということについては今でもすごい繊細やと思いますよ。

人情の深い方でしたね。おやっさんは酒を飲まないんで、飲みに行ったことはないんですが、ようケーキを買《こ》うてくれはった。「サバラン」っていう洋酒の効いたケーキ。僕はこれが好きでね。これも良い思い出です。そんなおやっさんを、みんな慕って「片山会」って勝手にできて毎年のように集まってます。

毎朝7時から夜の0時、1時まで残って掃除して帰るという、やってもやっても仕事があるような3年でしたが、ええ勉強さしてもらいました。

菊乃井主人・村田吉弘

写真後列右から　女性を除いて（敬称略）「酒肴菜飯さくら」（岡崎市）店主・桜井一夫、「福政」（半田市）店主・田中利政、「民宿モノミ荘」（野沢温泉村）主人・富井博文、「山神温泉」（土岐市）主人・日比野洋示、中華料理「萬龍」（名古屋市）店主・寺島歳人、「聴濤館」（浜松市）料理長・加藤悟、「加藤晃商店」加藤晃（ゲスト参加）、「あつた蓬莱軒」（名古屋市）元料理長・河合雄二、
前列右から　「とり要」（名古屋市）店主・梶野剛弘、「ひまわりの湯」（下伊那郡）料理人・吉見勝重、「か茂免」主人・船橋優光、片山総料理長、「割烹の宿美鈴」（紀伊長島）主人・中野博樹

お弟子さんの声

幾人ものお弟子さんを育ててきた片山料理長。毎年、弟子たちが片山さんを囲む「片山会」が開かれています。お弟子さんたちが片山料理長を語る声を伺ってきました。

—片山会は今回で20回目。普通では4、5年で消滅しそうな会が30年も続いているのはやっぱり、おやじさんの人柄ですよね。

—そうそう。私はか茂免をやめて20年後にやっとおやじさんと再会したんですが、おやじさんは2年しか勤めていなかった自分の顔を見てすぐ、名前を呼んでくれました。それ以来、ずっと片山会には参加しているんですよ。

—おやじさんからは、料理だけでなく、人として生きていくために必要なことを教えてもらいました。たとえば週一回の大掃除。ドロドロ油がこびりついたドブの中を素手で掃除した。おかげで今はどんなドブ掃除でも率先してやれます。そうやって「料理を作る」のではなく、「お客さんを喜ばせるために料理を作らせていただく」という気持ちになれたんです。

—何も知らない人間を預かって育てる、という気持ちを持っていたんですよね。そういう「教える」料理人は珍しいです。

—おやじさんは、誰よりも働く料理長でした。明治生命店で働いていた頃、煮汁の残りや油なんかの料理の残滓《ざんし》を地下に運ぶ途中、ひっくり返してビルの廊下にこぼしてしまったことがあるんですよ。その時も、みんなと一緒になって片付けを手伝ってくれた。帰りも、全員の仕事が終わるまでいつも待っていてくれて、みんなでタイムカードを押して帰りましたよね。

—仕事に向き合う姿勢は、本当に尊敬すべきものですよ。おやじさんが厨房を空けたことは一日もなかった。料理も妥協がないよね。そして今でも常に斬新なアイデアを取り入れている。

—こつこつ積んできた基礎に支えられた、味重視の丁寧な料理は、特に女性に人気がありましたね。

—おやじさんはいつも自然体。見た感じのまま素直で優しくて、一緒にいると心が安まる。ほわーんとすべて包みこんでくれるような人柄にみんなが集まって、その優しさがお客さんにも伝わるんですよね。料理も自然体で、普通の人でもわあ、真似してみたいなあという料理を、おやじさんも心がけて作っているんです。だから一汁三菜にも取り入れられる料理なんですよ。

厨房で片山総料理長を囲む、板場の皆さん。
前列右から　都筑正雄さん、粟原隆さん、武山智哉さん、寺田秀夫さん、
後列右から　榊原拓さん、古川久喜さん、小田洋平さん

日本料理　か茂免
〒461-0011
愛知県名古屋市東区白壁4-85
電話　052-931-8506
http://www.ka-mo-me.com

ブックデザイン　大石恭子（クロックワークヴィレッジ）
撮影［料理・食素材］佐知智綱（Studiolife.）
［工程・人物］伊藤卓哉（市村写真）
山本雄平（MAISONETTEinc.）
スタイリング　江川幸子（MAISONETTEinc.）

「うまい！」を叶える
おいしいひと手間

2014年5月20日　初版第1刷　発行

著者　片山英喬
発行者　野嶋庸平
発行所　中日新聞社
〒460-8511
名古屋市中区三の丸一丁目6番1号
電話　052-201-8811（大代表）
052-221-1714（出版部直通）
http://www.chunichi.co.jp/nbook/
郵便振替　00890-0-10番

印刷　図書印刷株式会社

ISBN978-4-8062-0669-9